ざっくりわかる

8コマ日本の政治

監修 中野晃一　まんが うかうか

JN201379

朝日新聞出版

日本の政治を担うのは誰？ それは、あなたです！

政治はわかりにくい、よくわからない、という声をよく聞きます。

その根本的な理由は、「本音」と「建前」ではないですが、法や制度で定められていること（建前）が、必ずしも実際に起きることや常態化していること（本音）と一致していないことにあります。そんな時、法や制度を徹底すべきなのか、それとも実態に合わせて変えるべきなのか、客観的な正解があるとは限りません。それぞれに主体的な判断が必要となり、もちろん意見も分かれます。それこそが「政治」なので、政治はわかりにくいし、めんどくさいのです。

しかし、だからといって政治から目を背けてしまうと、どうなってしまうのでしょう？

あなたは政治を放っておくことができても、政治はあなたを決して放ってはおきません。なぜなら政治は確実にあなたの人生に影響を及ぼすからです。そして、政治に一方的に翻弄されてしまうかもしれません。……それはイヤじゃないですか？

でも、自分で主体的な判断をしようにも、いかんせん判断材料となる知識があまりなくて……。という謙虚な声もよく聞きます。確かに知識はあればあったほうがいいに決まっています。

この本には、法や制度の「建前」と政治の「本音」の両方が書いてあります。

「え、そうだったの？」

「えー、違うでしょ？」

とつぶやきながらページをめくるようになったら、あなたはもう政治の担い手としての十分な準備ができたことになります。

さあここから、あなたも日本の政治を担っていきましょう。

中野晃一

第1章 政治のキホン

第2章 選挙や法律のキホン

第3章

内閣や政党のキホン

第4章

憲法や社会保障などのキホン

第5章

地方政治のキホン

第1章

政治のキホン

そもそも政治って何？
政治家は何をしている？
キホンのキから政治を知ろう

第1章
政治のキホン

異世界で「日本の政治」を考える！

あなたは誰？

政治とは？

主権者が領土や人民を治めること。まつりごと。広義では、会社や学校、町内会など、人間のさまざまな社会集団で、意見の相違や利害の対立などを調整したり、ルールづくりをしたりなど、集団をまとめる働きのことをいう。

そもそも政治って何？どういうことを決めるの？

政治＝人々の利害の調整

政治というと、何だか難しくて話題にしづらいことのように感じますよね。政治とは、「国会議員や大臣のようなえらい人がやるもので、自分たち庶民には関係ない」と思っていませんか？

そもそも、「政治とは何か」をきちんと説明できる人は少ないように思います。中学校の公民の教科書を読むと、だいたい次のようなことが書いてあります。

社会には大勢の人が住んでおり、それぞれ望むことが違っています。人々の希望を実現したり、対立を調整したり、ルールをつくったりして、社会を成立させる働きを「政治」といいます。

ですから、国の政治だけではなく、学校で生徒たちがクラスのルールを決めるような行為も、立派な「政治」なのです。

より良い生活は政治で決まる

学校や企業、町内会など、人間のいろいろな集団で「政治」は行われます。しかし、

今回のまとめ

私たちの生活は政治で決まる。

一般的には国や地方公共団体（都道府県や市区町村）が行うものを「政治」ということが多いです。

国や地方公共団体は、政治を通じてどういったことを決めているのでしょうか。

例えば、国の定めたルールである法律、地方公共団体のルールである条例などをつくります。道路や橋、上下水道や公園などの社会資本や、教育、医療などの公共サービスをどのように提供するかを決定するのも政治の役目です。病院にかかった時、患者がどれだけ支払うのかも政治が決めているのです。

政治は、外交や防衛のような国レベルの決めごとだけでなく、私たちの身近な生活にも深く関わっています。「子どもが大学に進学したがっているが、経済的に難しい」「おばあちゃんが病気になり、介護が必要になった」……。政治は、こういった悩みを解決するためにも機能します。

政治はどこか遠くの世界の話ではなく、むしろ一般市民こそ政治に関心を持つべきなのだ、ということをわかってもらえたでしょうか。

どんな人が政治をするの？

日本に王は？

選挙

組織や集団の中から、代表者を投票などによって選び出すことで、特に投票によって公務員を選出することをいう。日本では18歳になると選挙権が与えられる。

総理大臣

内閣総理大臣や首相と呼ばれる。内閣（←67ページ）の首長という地位。国会議員の中から国会の議決で指名され、天皇によって任命される。

「政治家＝えらい人」ではなく国民が選んだ代表者

そもそも、政治家って何する人？

政治家とは、文字通り「政治を職業とする人」のことですが、庶民には関わりの少ない雲の上の人、というイメージが強いように思われます。

一般的に、国会や地方議会の議員、都道府県知事や市区町村長などを「政治家」と呼びます。いずれも選挙を通じて選ばれますから、国民（住民）が選んだ代表ということになります。そして、政治家の仕事は国民（住民）の意見を政治に反映させ、よりよい生活を実現することです。

また、政治的に考えの近い人々が集まった団体を政党といいます。政党は、実現したい政策や理念を公約として掲げ、選挙に臨みます。選挙を通じて議会で多数派を獲得し、政権を担う政党を与党といい、政権に参加しない政党が野党です。

議会で過半数を占める政党がないなどの事情で、複数の政党が協力して政権を担う場合は連立政権と呼ばれます。2024年現在、自由民主党と公明党が与党として連立政権をつくっています。

国民の意見を聞くのが政治家の仕事

「与党は選挙で勝ったので、国民はその政策に従わなくてはならない」と思っている人がいますが、それは誤りです。政治の主役は、あくまで主権を持っている国民にあります。国民の代表である政治家はその声に耳を傾けなければならず、少数意見も尊重しなければなりません。

国会が開かれていない時期、国会議員は何をしているのでしょうか。政策研究やメディア出演などのほか、自分が選出された選挙区などを訪れて有権者たちの意見を聞いていることも多いです。私たち国民も、政治家に陳情（意見や要望を届けること）をする権利を持っています。

しかし、現在は若年層を中心に投票率の低下も深刻になっています。投票率が低いと、当選者は「一部の有権者の代表」にすぎなくなり、本当に必要な政策が実行されないかもしれません。政治家が本当に「国民の代表」になれるかは、有権者にかかっているともいえます。

今回のまとめ

政治家は国民の声に耳を傾ける必要がある。

第1章
政治のキホン

国民主権ってなあに？

いい王ならいいけど

我々の国は建国以来絶対王政！
国民主権の国があることは知っていましたが
その国民のかたから話をきく機会はそうありません！
ぜひくわしくきかせてくださいっ！
絶対王政ってなに??
コソ…
国王が最高の権力をにぎるシステム
絶対王政とか絶対君主制とかいわれているニャ
我々の国では50年に一度犬祭りの日に星がさししめした犬が王となるのです
王犬神授説
へーロマンチック

国民主権

国の政治を最終的に決定する権力のことを主権という。国民主権とは文字通り、国民が国の政治の決定権を持っているということ。主権在民ともいう。日本国憲法前文第1段および第1条に国民主権について定められている。

民主主義

国民が主権を持って政治を行う形態。民主主義は、主権者の国民の話し合いによって政治を決定するのがルール。大きくは2種類あり、国民が直接話し合う「直接民主制」と、国民が選んだ代表者が話し合う「間接民主制」がある。

国民主権や民主主義って何？どうして大切にするべきなの？

国民主権の考えが生まれた理由

主権とは、国家を統治する権力のことです。日本国憲法では、国民が主権を持つとされています。あまり意識されないと思いますが、国の政治を決めるのは私たち一人ひとりなのですね。

かつては、国王や皇帝といった権力者が国を統治していました。王様の言うことは絶対なので、気に入らない者は牢屋に入れられたり、殺されたりするかもしれません。少数の人だけが権力を握ると、彼らだけが利益を得るために政治を行い、多くの人を幸福にできなくなるかもしれません。

こうした事態を防ぐため、人類の歴史の中で、大勢の人が政治に参加できるしくみが整えられてきました。主権は国王や皇帝ではなく、国民が持つ——というのが、国民主権（主権在民）の考え方です。

議会は何のためにある？

国民主権の考えを実現するため、国民が政治に参加するしくみが民主主義です。組織を構成するすべての人が話し合うのが直接民主制ですが、人口が多い国では現実的ではありません。そこで、選挙を通じて国民の代表者（議員）を選び、議会で話し合う間接民主制（議会制民主主義）が日本を含む多くの国で採用されています。

話し合いだけでは結論が出ない時もありますが、そうした場合は多数決で決定します。しかし、多数決のみを判断基準にすることには危険もあります。例えば、少数民族の人権を抑圧する法案が、議会で成立してしまう可能性があります。少数派の利益や人権を守るためにも、少数意見の尊重を忘れてはいけません。

たとえ選挙を通じて民主的に成立した政権でも、戦争や人権侵害などの過ちを犯すことがあります。そうした事態を防ぐため、あらかじめ憲法（国家権力を抑制するきまり）をつくっておく、という考えを立憲主義といいます。また、民主主義を実現する上で、言論の自由などの人権も保障されていなくてはなりません。民主主義、立憲主義、基本的人権（↑105ページ）はそれぞれ密接に関わっています。

今回のまとめ

私たち一人ひとりが国を治める主権を持っている。

第1章

政治のキホン

国会の仕事ってなあに？

王はひとりで決めるのに

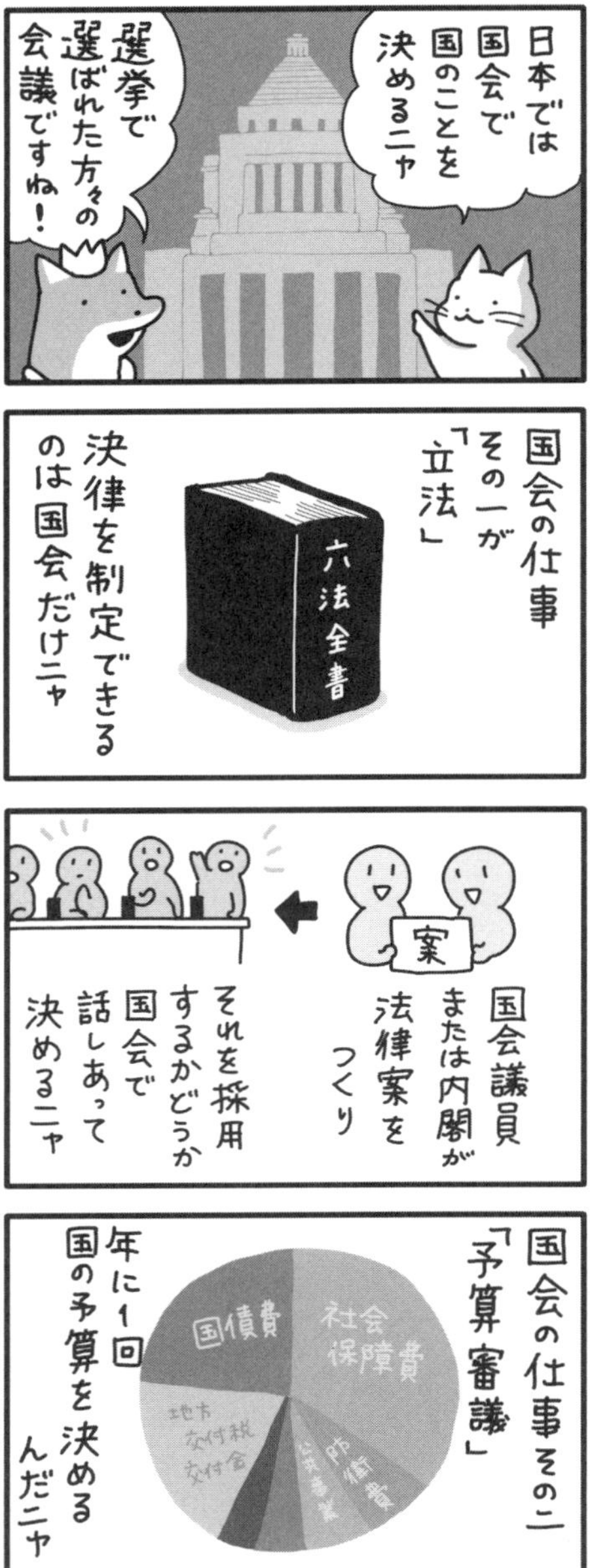

日本では国会で国のことを決めるニャ
選挙で選ばれた方々の会議ですね！
国会の仕事その一が「立法」
六法全書
決律を制定できるのは国会だけニャ
国会議員または内閣が法律案をつくり
案
それを採用するかどうか国会で話しあって決めるニャ
国会の仕事その二「予算審議」
社会保障費
国債費
地方交付税交付金
防衛費
公共事業
年に1回国の予算を決めるんだニャ

国会

国のすべての機関の中で最高の機関。国民から選ばれた議員によって構成され、国のルールである法律を制定することができる（立法権を持つ）唯一の機関。

予算審議

国の収入（歳入）と支出（歳出）についての計画を審査して議決すること。まず数十人の議員からなる委員会で審議され、衆議院と参議院の本会議に進み、出席議員の過半数の賛成で可決される。

「国権の最高機関」国会はどんな仕事をしているの?

国会は国の機関の中で一番格上?

ここでは、国会がどのような仕事をしているかについて説明しましょう。難しい言葉が多くなりますが、これを読めば日々のニュースの理解度が深まるはずです。

日本国憲法には、国会は「国権の最高機関」であると書かれています。国の権力の中でも最も格上、ということですね。国民が直接選んだ議員からなるので、最も重要な機関とされているのです。

そして、国会は「唯一の立法機関」でもあります。立法、つまり法律を制定する権限を持っているのは国会だけです。法律とは、憲法に次いで重要なきまりのことです。法律案は、内閣か国会議員が作成し、国会に提出します。

もう一つ、国会の重要な仕事が予算の審議です。国の収入(歳入)と支出(歳出)についての計画を審査し、議決します。

法律や予算の細かい内容の審議は、委員会で行われます。委員会とは、数十人の国会議員からなり、予算・国土交通・厚生労働などの専門分野に分かれています。

細かい内容をつめると、衆議院・参議院それぞれの本会議に進みます。本会議は議員の全員からなり、出席議員の過半数の賛成で予算や法律案は可決されます。

他に国会の仕事を挙げると、内閣が外国の政府と結んだ条約を承認したり、政府が適切に政治を行っているか調査したり（国政調査権）します。

大きく三つに分けられる国会

定期的に開かれる国会にも種類があります。まず、毎年1月に召集され、150日間の会期で予算などを審議するのが通常国会（常会）です。

また、内閣が必要と認めたり、衆参いずれかの議員の4分の1以上の要求があった時は、臨時国会（臨時会）が開かれます。三つ目は特別国会（特別会）で、衆議院議員の総選挙の後、30日以内に召集されます。特別国会では、総選挙の結果に基づき、内閣総理大臣の指名が行われます。選挙で多数の議席を得た政党の党首が、総理大臣に指名されるのです。

今回のまとめ

国会の主な仕事は法律をつくることや予算を審議すること。

第1章
政治のキホン

衆議院と参議院があるのは？

二院制のメリット

衆議院

定数465人（2024年現在）。任期が4年と短く、解散もある。そのため、「直近の民意」を反映しやすいとされ、参議院よりも権限が大きい。慣例として、内閣総理大臣は衆議院議員から指名される。

参議院

定数248人（2024年現在）。任期は6年で、3年ごとに半数を改選する。衆議院とは異なる民意を反映したり、政府の行きすぎを抑えたりする役目を期待されており、「良識の府」といわれる。

なぜ議院が二つあるの？　衆議院と参議院の違いって？

二院制を採用するメリット

日本の国会は、衆議院と参議院の二つの議院からなる二院制（両院制）です。上院と下院と持つアメリカやイギリスも、日本と同じ二院制です。一方、韓国やスウェーデン・イスラエルなど、一つの議院しか持たない一院制の国もあります。

二院制であれば、一つの議題について慎重に議論することができます。片方の議院が万一暴走した時に止めることもできます。

一方、選挙の結果によって、多数派の政党が衆参二院でそれぞれ異なる「ねじれ国会」となる場合もあります。そうするとスムーズに物事を決められない、という事態も生じます。

問われる参議院の存在意義

では、日本の衆議院と参議院には、どのような違いがあるのでしょうか。

まず、衆議院議員の立候補可能年齢は25歳、参議院は30歳という違いがあります。

また、衆議院は任期4年で、任期途中で解

散になることがあります。一方、参議院は任期6年で、3年ごとに半数が改選されます。選挙が頻繁に行われる衆議院のほうが、直近の民意を反映しているといえます。そのため、法律の制定および予算の議決や内閣総理大臣の指名などで、衆議院の優越が認められています。一方、参議院は任期が長く、長期的な視野で議論できることから「良識の府」とも呼ばれます。

ところで、二院制の国では、二つの議院が大きく異なる性格を持っていることが多いです。例えばアメリカの上院は、各州2つずつ議席を持ちますが、下院は各州の人口に応じて議席が割り振られます。つまり、上院は「州の代表」、下院は「国民の代表」といえます。

日本の衆議院・参議院の場合、選挙の方法に違いはありますが、どちらも「国民の代表」であり、性格に大きな違いはありません。政党勢力図も似通っており、衆議院の議決がそのまま通るのが普通です。このため、「参議院は廃止すべきだ」または「参議院を改革して独自色を出すべきだ」という意見もあります。

今回のまとめ

二院制は、一つの課題を慎重に議論できるメリットがある。

コラム
中野's eye
1

【中野晃一コラム】日本の国会議員の数って多いの？

「身を切る改革」と称して、国会議員定数の削減が話題になることがあります。実際、最も多かった時は衆議院で512議席、参議院で252議席あったのが、今はそれぞれ465議席と248議席まで削減されました。それでも、もっと減らすべきだという公約をかつての希望の党や現在も日本維新の会などが掲げたりしています。

ただ、実は国際的に比較すると日本の国会議員の数が特に多いわけではありません。アメリカのほうが人口あたりの連邦議会議員数ははるかに少ないのですが、連邦制のアメリカでは州議会議員も重要なので単純な比較はできません。

一般に、国会議員数は1000人を超えることは珍しいので、人口の多い国は相対的に国会議員数が少なく、人口の少ないヨーロッパの国々などは日本よりだいぶ多い計算になります。

確かに、国会で審議中にタブレットで動画を閲覧したり、娯楽小説を熟読していたりする議員が見つかったりする惨状や、政治家としてどころか人としてどうなの？　と思うような不祥事や事件が報道されたりすると、こんな人たちの歳費（国会議員の給費）が税金でまかなわれているのはおかしい！　と感じる人がいるのも無理はありません。

ただ、国会議員は国民の代表ですから、少なければそれだけ国民の声が国政に届きにくくなります。定数を削ったとしても、国会で居眠りしている議員が議席を失うとは限らないという問題もあります。政党や選挙制度などが大きく関わるので、頑張ってフルに働いている議員が残るかどうかもわかりません。

そう考えると、問題は、国会議員の数そのものではなく、多様な国民を代表して国民のために働くのではなく、何も考えずにただ与党提案の法案に賛成するだけの無駄な国会議員が多すぎることであることがわかります。つまり、小選挙区制の作用（↑33・155ページ）で与党議員の当選者数が実際の得票数を大きく上回り、あまりに「カサ上げ」されてしまっている結果、たるみ切った議員が悪目立ちしているのです。与野党全議員が遊んでいるわけではありません。

コラム
中野's
eye
2

【中野晃一コラム】衆参二院制の現状は？

日本の国会は衆議院と参議院がある二院制となっています。世界には韓国など一院制の国も多いですが、人口規模が大きい国では二院制が普通といえます。

二院制の起源は、庶民を代表した下院（民会）と貴族からなる上院（元老院）が置かれたことにあります。今日では、上院と意見が違う時はより民主的な下院が優先することが普通です。一方で上院が連邦制をとる国の州など地方の利益を代表するようにしているケースも多々あり、広大な連邦国家であるアメリカではむしろ上院のほうが強いといえるかもしれませんが、これはどちらかといえば例外です。

比較的弱いほうの上院はしばしば「再考の府」としての役割が期待されています。その時々の民意を受けて下院で圧倒的に強い与党ができたとしても、違った構成原理や選挙のタイミングを持つ上院がブレーキをかけることで、より冷静で安定的な政治にしようという趣旨です。

日本では憲法上、両院とも選挙で当選した、全国民を代表する議員で組織するとされており、原則として両院で可決されないと法律はつくれないので、結構強めな二院制となっています。このため1989年に自民党が参議院で過半数を失って以来「ねじれ国会」という言葉が使われ、政権運営に苦慮して公明党などと連立を組むようになりました。

参議院が比較的強い日本では衆参で大きな対立がないよう、党派的な対立を抑えた多党制の下、各党が政策をすり合わせて意思決定をしていくコンセンサス型の政治がふさわしいはずです。ところが「ねじれ国会」が常態化するようになってまもない1994年の選挙制度改革で、衆議院に二大政党激突型の小選挙区制が導入され、実際に得た票数よりも議席が与党に多く配分されるようになり、与党から選ばれる首相は上げ底された「数の力」を背景に「強いリーダーシップ」を演出するようになりました。

この結果、参議院で「ねじれ」が起きると「強い」はずの首相が参議院とコンセンサスをとれずにくじかれる「決められない政治」となり、第2次安倍政権以降のように衆参両院を与党が押さえると、野党とのコンセンサスをとろうともしない「何でも勝手に決める政治」となる、ということになってしまいました。

まとめ 1

シバレウス11世の勉強ノート①

☑日本の政治は国民主権。

☑国会は、国の権力の中で最も格上の機関。

☑日本の国会は、衆議院と参議院の二院制。

第**2**章

選挙や法律のキホン

選挙のしくみって？
法律はどうやってつくる？
選挙や法律などの
キホンを知ろう

第2章
選挙や法律のキホン

選挙のしくみはどうなってる？

完璧な制度はない？

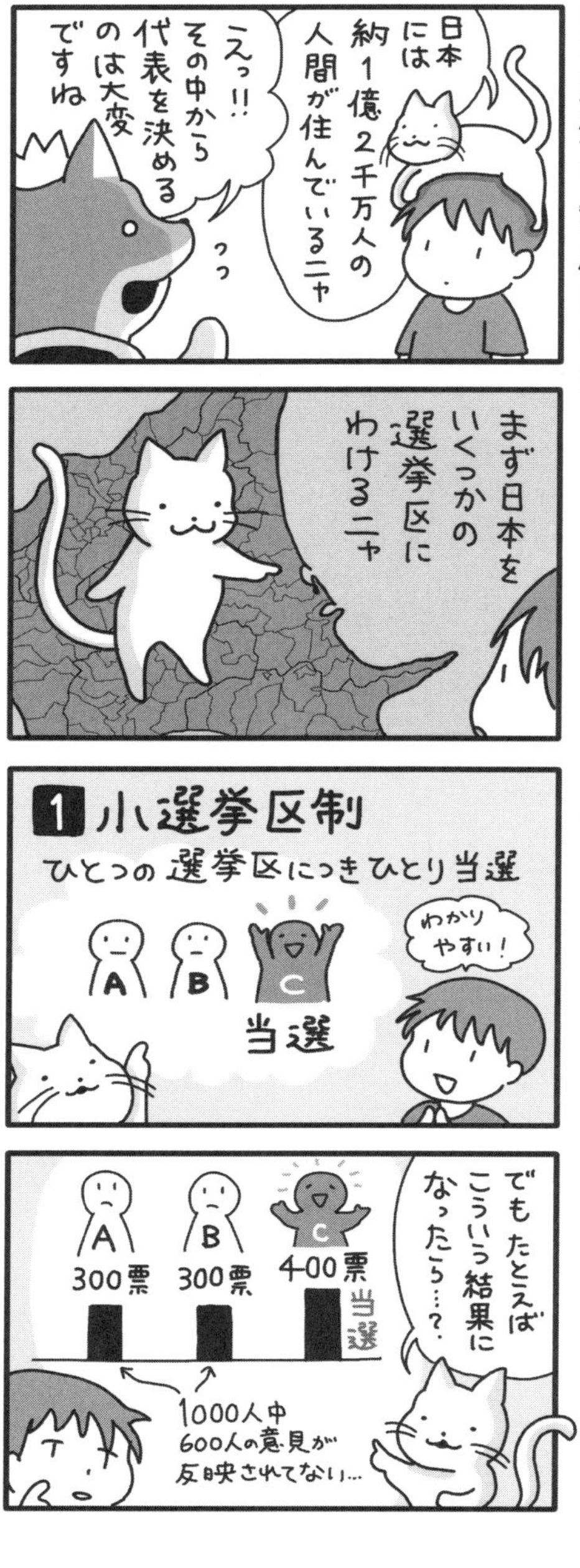

小選挙区制

一つの選挙区から一人の当選者を出す。衆議院議員総選挙では、289人が小選挙区から選ばれる。死票（落選者に投じられた票）が多くなるが、大政党に有利で政治が安定する特徴がある。

比例代表制

有権者が政党に投票し、獲得した票数に比例して議席を分配する。小政党でも議席を獲得しやすく、死票が少ない。一つの党が議会の過半数を制するのが難しく、政治の混乱が起きやすい。

大切な国政選挙どういうしくみになっている？

選挙制度はどれも一長一短？

国会議員を選ぶための大切な選挙。若い人たちを中心に関心が薄いのは、制度のわかりにくさも原因かもしれません。

選挙制度には、いくつかの種類があります。まずは小選挙区制です。これは一つの小さな選挙区から一人の候補者が当選する方式です。死票（落選した候補者に投じられた票）が多くなり、小政党には不利という短所がありますが、大政党に有利なため政治が安定しやすいのが長所です。

次に比例代表制です。有権者が政党に投票し、得票数に応じて議席を配分する方式です。小政党でも議席を獲得しやすく、多様な意見を政治に反映することができます。一方、小政党が乱立しやすく政治が安定しにくいという短所もあります。

そのほか、大選挙区制もあります。一つの大きな選挙区から複数の候補者を選出する方式です。大選挙区制の長所と短所は、比例代表と似通っています。大選挙区制は、市区町村議会議員選挙などで採用されています。

制度を組み合わせる国政選挙

選挙制度には、それぞれ長所と短所があります。そのため、日本の国政選挙では複数の制度を組み合わせています。

衆議院議員選挙では、289の小選挙区と、全国を11のブロックに分けた比例代表制（176人）を組み合わせ、計465人を選出します。これを小選挙区比例代表並立制といいます。

また、参議院議員の選挙では、都道府県ごとの選挙区（定数は都道府県によって異なる。二つの県が合わさった合区もある）から選出される74人と、全国を一つのブロックとする比例代表で50人、計124人が選出されます。参議院議員は3年ごとに半数ずつ改選されるので、参議院議員の定数は2倍の248人です。

こまごまと説明してきましたが、議席数など細かいことを覚える必要はありません。国政選挙に行く時は、「選挙区は候補者名を、比例代表は政党名を書く！」ことを最低限押さえていれば大丈夫です。18歳以上の人はぜひ投票に行ってみましょう。

今回のまとめ

国政選挙では、選挙区は候補者名を、比例代表は政党名を書こう。

政治家になるには？

選挙に出る資格は？

被選挙権

選挙で立候補するための権利。衆議院議員は25歳以上、参議院議員は30歳以上など、年齢による要件がある。また、地方自治体の首長や地方議会議員では、年齢の他にその自治体に住んでいるなどの要件もある。

供託金

選挙に立候補する際、預けておくお金。たとえば、衆議院議員総選挙の小選挙区ならば300万円が必要。得票が一定基準を上回れば返還されるが、下回ると没収される。売名目的の立候補を防ぐ目的がある。

「政治家になりたい！」そのためには選挙に出よう

選挙に出るにはお金も必要？

読者の中には「政治家になりたい」と思っている人もいるかもしれませんね。政治家になるには、選挙に立候補して当選する必要があります。

選挙で投票する権利を選挙権といい、2016年に満20歳から満18歳以上の男女に引き下げられました。一方、選挙に立候補する権利を被選挙権といいます。日本で政治家になるには、まず日本国籍を持っている必要があります（外国出身でも、帰化していればOK）。衆議院議員や市区町村長などは25歳以上、参議院議員や都道府県知事は30歳以上で被選挙権が得られます。

ただし、これだけで選挙に出られるわけではありません。ただ目立ちたいだけなど、政治家にふさわしくない理由で立候補する人が出るのを防ぐため、供託金という制度があります。町村議会議員であれば15万円で済みますが、衆議院議員の小選挙区なら300万円が必要です。当選するか、落選しても一定以上の得票率であれば供託金は返還されます。一方、得票が基準に満たなければ没収されます。それだけでなく、ポスター制作費やスタッフの人件費など、選挙活動にはお金がかかります。

普通の人に立候補は難しい？

選挙に当選するには、「地盤・看板・カバン」の「3バン」が必要だとしばしばいわれます。

地盤とは、投票してくれる支持者がいること。候補者自身が努力して地盤をつくることもありますが、世襲によって地盤を引き継ぐ例も多いです。看板とは知名度のことで、世襲候補者やタレントなども有利になります。そして、カバンは資金力のことです。いずれにせよ、一般人にはハードルが高そうに思えますね。

とはいえ、各政党は一般からの候補者公募も行っています。政党の公認を得られれば、かなりの程度で組織的なバックアップを受けられるでしょう。今後の政治の活性化のため、資金面など、選挙に立候補するハードルを下げていくことが必要なのではないでしょうか。

今回のまとめ

普通の人が立候補するハードルの高さは課題。

法律はどうやってつくられる？

法律のつくりかた

内閣立法と議員立法

国会に法律案を出せるのは、内閣と国会議員だけ。内閣が法律案を出して成立させることを内閣立法といい、国会議員ならば議員立法という。議員立法よりも内閣立法のほうが成立率が高い。

委員会

国会で、法律案などの細かい審議を行う場を委員会という。20～50人ほどの国会議員からなり、掛け持ちも可能。予算委員会や厚生労働委員会など、17の常設委員会があり、必要に応じて特別委員会も設置される。

国民の守るルール「法律」は国会でどのようにつくられる？

議員立法はハードルが高い

国会の最も重要な仕事の一つが、法律をつくること（立法）です。法律はどのような流れでつくられるのでしょうか。

法律案を国会に提出できるのは、内閣と国会議員だけです。法律（案）は、提出者によって「内閣立法・議員立法」に区別できます。内閣立法の場合、内閣が専門知識のある各省庁の官僚に法律案をつくらせます。内閣は国会の多数を占める与党の支持を受けており、成立することが多いです。

一方、議員立法は原則として衆議院で20人、参議院で10人以上の国会議員の賛成が必要です。少数派である野党の議員が提出することもあり、成立する割合は高くありません。２０２２年の通常国会の例では、内閣が提出した法律案61件はすべて成立しましたが、議員が提出した法律案96件のうち、成立したのは17件のみでした。

法律案の提出から成立まで

さらに詳細を見てみましょう。政府か国

会議員は、法律案を衆参いずれかの議長に提出します。法律案の場合、衆参どちらが先に審議しても構いません。

法律案は、衆議院または参議院の委員会に送られます。委員会は20〜50人ほどの国会議員からなり、そこで詳しい議論が重ねられます。専門家や利害関係者から意見を聞く公聴会が開かれることもあります。

こうして法律案の細部が決まり、議員全員が出席する本会議に送られます。衆議院と参議院で、出席議員の過半数の賛成で可決すれば、法律として成立します。

なお、衆議院と参議院の議決が異なる場合もあります。衆議院が可決した法律案を、参議院が否決したとします。衆議院には優越が認められるため、衆議院が出席議員の3分の2以上の賛成で再可決した場合、法律案は成立します。

私たち国民が法律案の審議に直接関わることは難しいですが、その可否が私たちの生活に直結することもあります。本書で得た知識をもとに、日々のニュースを見てどんな法律案が審議されているかチェックしてみましょう。

今回のまとめ

どんな法律案が審議されているか気にしてみよう。

国の予算はどう決まる？

税金の使い道

一般会計

国や地方公共団体の予算で、租税などの収入や、公共事業や社会保障費、教育などにかかる支出をまとめたもの。2024年度の国の一般会計の総額は112兆5717億円だった。

特別会計

特別な事業を行う際、一般会計とは別に編成する予算のこと。東日本大震災復興特別会計や、国債の整理状況を明らかにする国債整理基金特別会計などが含まれる。2024年度予算で436兆円に達する。

国のお金の使い道「予算」はどうやって決める？

予算の審議は衆議院から

社会保障や公共事業など、国民のために政治をするにはたくさんのお金が必要です。一年間の政府の収入（歳入）と支出（歳出）の計画が予算です。予算における一年間の区切り（会計年度）は、毎年4月1日から3月31日まで。国にも地方公共団体にも予算はありますが、ここでは国の予算について話します。

予算案を作成するのは内閣の役目。前年の秋ごろから作成が始まり、一月に召集される常会（通常国会）の時に提出されます。法律案は衆参どちらから審議してもOKですが、予算案は必ず衆議院から審議されます。「予算の先議権」といい、衆議院の優越の一つです。

予算案の内容は、予算委員会で詳細が議論されます。予算の内容だけでなく、国政全般についての質疑も行われるため、予算委員会の模様はニュースで報じられることも多いです。専門家や利害関係者の意見を聞く公聴会も開かれます。

その後、予算案は本会議に送られ、出席

議員の過半数の賛成が得られれば可決されます。参議院でも同様に、予算委員会を経て本会議で採決されます。

一般会計・特別会計って何？

「国の予算」という時、普通は一般会計のことを指します。歳入は所得税、消費税などの租税や、国の借金である公債金などからなります。歳出は、社会保障関係費や防衛関係費、国債費（国債の返還や利子に支払うお金）などからなります。2023年度の当初予算は、114兆3812億円となっています。

一方、事業の内容によっては一般会計でうまく処理できないこともあるため、一般会計とは別に特別会計が設けられます。東日本大震災復興特別会計などがあります。

また、年度の途中で災害の発生や政策の変更などが起きた時、当初の予算を修正する補正予算を組むこともできます。

政府の役割が増えるとともに、予算も増加・複雑化しています。私たちの税金の使い道ですので、ぜひ関心を持ちましょう。

今回のまとめ

予算案は衆議院から先に審議される。

第2章
選挙や法律のキホン

国会議員の給料はいくら？

王は豪華な暮らし？

調査研究広報滞在費

国会議員が、調査研究や広報などの活動を行うために毎月100万円支給される。使い道を公開する義務はない。2022年、文書通信交通滞在費から名称が変更された。

政治資金規正法

政治資金の収支の公開や、政治献金の制限などについて定めた法律。自民党の政治資金パーティー券問題をきっかけに2024年に改正されたが、政治とカネの問題を解決するには不十分という指摘も多い。

国会議員の給料は高すぎるっていわれるけど……？

国会議員の年収は4000万円！

「国会議員の給料は高すぎる」という話題はよく耳にしますね。確かに、国会議員は一般企業や役所に勤めるより、はるかに多くの給料（歳費）を受け取っています。

衆議院と参議院の議員の歳費は、「国会議員の歳費、旅費及び手当等に関する法律」に定められています。ヒラの国会議員は月額129万4千円で、賞与が年2回、計635万円を受け取れます。これとは別に、調査研究広報費（旧・文書通信交通滞在費）が月100万円支給されます。国政についての調査研究や広報などのための費用ですが、領収書を出す義務はないなど、使途は不透明なのが実態。2022年に問題視され、名称が変わったものの、不透明さなどの課題は残ったままです。歳費、賞与、手当などをもろもろ合わせると、国会議員の年収は4000万円をゆうに超えます。

政治活動にはこれでも不足？

なぜ、国会議員の給料はこれほど高いの

でしょうか。選挙の項でもふれましたが、政治活動にはとにかくお金がかかるためです。

例えば、選挙の時には事務所の賃料、ポスターやチラシなどの印刷費、選挙カーの費用などがかかります。また、国会議員は常に多くの事務を抱えているため人件費もかかります。国会議員は一人あたり3人の公設秘書を公費で雇えますが、それ以上の人数を私設秘書として議員の負担で雇っていることも多いです。

議員報酬でまかなえない政治資金は、政治資金パーティーを開いて会費を集めるなどしています。この政治資金の流れを透明にする法律が政治資金規正法（2024年改正）ですが、いまだ「政治とカネ」をめぐる事件が絶えることはなく、不十分だという指摘もあります。

金額の大きさだけ見ると納得いかない部分も多いでしょうが、もし議員報酬が少なければ、元からお金持ちでお金に余裕のある人しか政治家になれないでしょう。金額がある程度の高額になるのはやむを得ませんが、使途などについては厳しいチェックが必要です。

今回のまとめ

政治活動にはお金がかかる。

一票の格差ってなあに?

一票の価値が違う?

ネット投票

ネット投票が導入されれば、「投票所に行くのが面倒」と考える人（特に若い世代）の投票率が上がることが期待される。一方、本人確認の方法や、買収・強要が行われていないかのチェックなどの課題も多い。

センキョ割

投票率を上げる取り組みの一つ。投票に行き、投票証明書を見せると提携する店舗で割引やサービスを受けられる。国政選挙だけでなく、投票率が低い傾向にある地方選挙でも行われている。

投票率の低下や一票の格差、現代の選挙が抱える問題とは

投票率が低いとなぜ困る？

国民の意志を政治に反映するのが民主主義の基本的な考え方です。しかし、近年では有権者が投票に行かず、投票率の低下が見られます。1980年代ごろまでは、衆議院議員総選挙の投票率は70％前後でした。しかし、平成に入ってから投票率は低下傾向にあり、2021年の衆議院議員総選挙では約56％でした。

特に、若い世代の投票率が低くなっています。若者の積極的な政治参加を促すため、2016年から選挙権年齢が18歳に引き下げられましたが、目的を果たしたとはいいがたい状況です。

投票率が低いと、限られた人々の声だけが政治に反映することになります。例えば若者の投票率が低いため、子育て支援など若者向けの政策が実現しにくくなることが考えられます。選挙当日に仕事や旅行などの予定が入っていても投票できる期日前投票など、投票率を高める努力がなされています。

なお、選挙は代表的な政治参加の方法で

すが、それだけが政治参加というわけではありません。国や地方自治体に意見を送ったり、情報開示を求めたりすることも立派な政治参加です。政治は庶民から遠い場所で行われているのではなく、気軽に参加できるものなのだ、という意識を持っていく必要があるでしょう。

一票の重みが選挙区で異なる?

選挙をめぐっては、「一票の格差」という問題もあります。選挙区によっては人口が違うため、当選に必要な票数も変わってきます。つまり、選挙区によって一票が持つ重みが変わってくるのです。人口の少ない地方に比べて、人口の多い都市部の票が軽くなるという不公平が生じます。

裁判所が、憲法の定める「法の下の平等」に反していると判断するケースもあります。一票の格差を是正するため、2022年には衆議院小選挙区の区割りが変更されました。人口の多い都県で選挙区が10増え、人口の少ない県で10減る「10増10減」の区割り変更です。

今回のまとめ

政治に〝気軽に〟参加してみよう。

コラム
中野's
eye
3

【中野晃一コラム】選挙制度がわかりにくいのはなぜ？

日本の選挙制度は確かにわかりにくく、あまりにいろんな制度が組み合わさっているので「選挙制度のデパート」といわれることさえあります。

衆議院選挙は、小選挙区比例代表並立制。小選挙区と地域ブロック単位の比例区がありますが、比例区で小選挙区との重複立候補が可能で、小選挙区で負けても同じ政党の比例名簿同順位間では「惜敗率」（小選挙区で勝った候補の得票数に対する負けた候補の得票数の割合の高さ）で誰が「復活当選」できるか決まります。

参議院選挙も選挙区と比例区で1票ずつですが、選挙区は都道府県単位なので人口規模で1人区（つまり小選挙区）から6人区（複数区）まであり、それぞれ選挙の力学がまるで異なります。比例区は、衆議院と異なり全国区で、個人票が多い順に名簿順位が決まる非拘束名簿です。

これに加えて地方では、首長と議会が別の選挙で選ばれる二元代表制で、知事や市長などの首長選挙は勝者総取りの1

人区、議会選挙は中選挙区もしくは大選挙区の複数区（一部に小選挙区もあり）です。

　選挙制度は、既存の選挙制度で勝った議員たちが議会で決めるので、現職や与党が嫌がる改革は起きにくい特徴があります。勝っている人たちは自分たちに都合が悪くなる制度改革は好みませんから。

　また、都市部よりも自民党の強い農村部に議席が多く配分される「一票の格差」問題も放置され気味です。

　本来、民主主義なのですから、選挙は主権者にとってユーザー・フレンドリーであるべきですが、日本ではいまだに候補者や党名を有権者に投票用紙に筆記させており、名前や政党、顔写真、番号などが並ぶリストに印をつけたりするのと比べて無効票が増えやすいしくみになっています。

「べからず法」といわれる公職選挙法で、極力自由であるべき選挙運動も選挙期間前は事前運動として禁止され、選挙期間中は公開討論会や戸別訪問が禁止されるなど細部にわたる規制があり、結局候補者が名前を連呼するだけで政策論争が深まらず、他国からは理解しがたい選挙になっています。

コラム
中野's
eye
4

【中野晃一コラム】どうして日本は世襲議員が多いの？

ひと昔前は、国会議員の子がまた国会議員になると「二世議員」といいましたが、もはや三世、四世がゴロゴロいる時代になり、ひとまとめに「世襲議員」というようになりました。

総理大臣では1991年に就任した宮沢喜一が戦後最初の世襲議員でしたが、現在の石破茂まで11人の自民党の総理のうち非世襲は森喜朗と菅義偉だけ（その2人も地方政治家の子ども）。しかも近年では安倍晋三、麻生太郎、福田康夫（あるいは民主党の鳩山由紀夫）と元首相の子や孫が首相になるケースが頻発するようになりました。

もともとは菅さんなども世襲には批判的な立場でしたが「小泉進次郎氏は世襲でもすばらしい政治家」などと発言するようになり、自身もスーパー世襲議員の安倍さんに仕えて出世しました。メディアも世襲批判に関心を失ってしまいました。世界でも世襲はありますが首脳でせいぜい1割程度と、8割を超える自民党の世襲天国ぶりは際立っています。鳩山さんのように他党でも世襲のケースはありますが、ほとんどが自民党なのです（自民党全体で見ると、3割弱が世襲議員）。

　自民党はもともと1955年に結党の際から派閥の連合体のような性格があり、選挙区レベルの党組織は、今でも公党の地方支部というより地元の有力政治家個人の後援会というのが実態です。理念や政策に基づいた開かれた公的組織ではなく、特定の政治家が自営業のように切り盛りしているわけです。

　中選挙区制の時代から「3バン」といわれたのが「地盤」「看板」「カバン」で、それぞれ後援会組織、家名、政治資金を指します。自民党は今でも選挙区での集票活動については大企業というよりは家族経営企業の連合体ですから、現職がリタイアしたり亡くなったりすると、最も安定的に「3バン」を引き継いで「勝てる候補」になるのは息子、まれに妻や娘、弟、甥などの家族なのです。

　自民党の一党優位制が続く中、「勝てる候補」だから世襲候補が選ばれ、世襲候補が実際に勝って一党優位制が続くという循環が成立しています。政権は極端に安定していますが、およそ民主的とはいえないし、実質的な政策刷新が起きにくいという深刻な問題があります。

まとめ
2

シバレウス11世の勉強ノート②

☑国政選挙での投票は、選挙区は候補者名を、比例代表は政党名を書く。

☑選挙に立候補する時には供託金という制度がある。

☑法律案を国会に提出できるのは、内閣と国会議員だけ。

☑予算案は必ず衆議院から審議される。

☑国会議員の給料は高すぎるとは言い切れない。

☑選挙には、投票率の低下や一票の格差という問題もある。

第3章

内閣や政党のキホン

内閣ってどんな組織？
いろんな政党の特徴は？
内閣や政党の
キホンを知ろう

内閣ってなあに？

猫ならこうする

内閣

国の行政を指揮する機関。日本の内閣制度は、明治時代の1885年に始まった。戦前の内閣総理大臣は、元老（天皇を補佐する重臣）が天皇に助言するという方式で決められていた。

閣僚

内閣を構成する、官房長官や国務大臣らのこと。国務大臣は基本的に、農林水産省や防衛省など各省庁のトップである。少子化担当大臣など、省庁のトップではない特命担当大臣もいる。

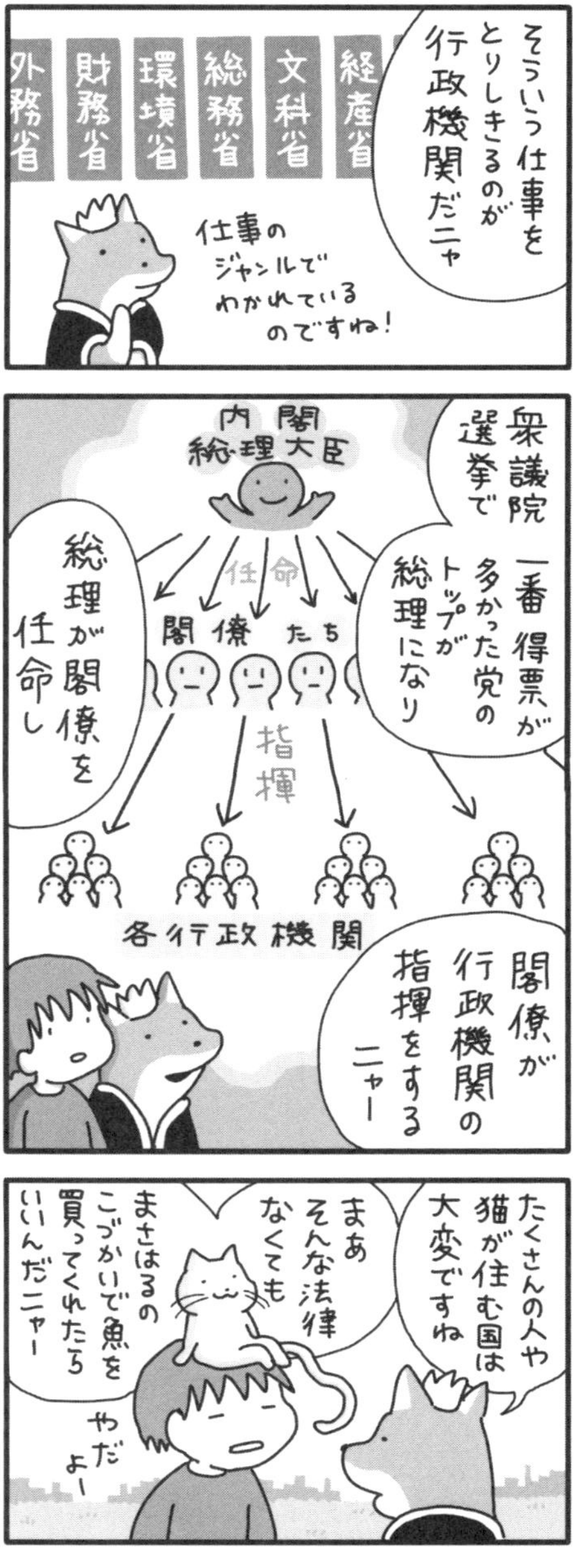

内閣と行政機関の仕事とは？

総理大臣は国会が指名する

日本国のリーダーである内閣総理大臣（首相）。内閣総理大臣がどのように選ばれるか、詳しく説明できる人は案外少ないのではないでしょうか。

まず、内閣の立ち位置から説明しましょう。法律に基づき、経済政策や外交などを実行に移すことを行政といい、国の行政を指揮するのが内閣です。

内閣のトップが内閣総理大臣で、国会議員の中から選ばれます。内閣総理大臣を指名するのは国会の役目で、国会で多数を占める与党の党首が指名されます。ほとんどの党首は衆議院議員のため、特に衆議院の選挙の結果が、内閣総理大臣の指名に直結するのです。

行政の実務については、外務省や財務省などの行政機関（省庁）がそれぞれ行います。それらの行政機関の仕事を指揮・監督するのが内閣です。

内閣総理大臣が任命する国務大臣（閣僚）は、基本的に外務大臣や財務大臣など、行政機関の長となります。

行政を動かしているのは

行政のトップの内閣の手足となって働くのが、専門知識を持ち、各省庁で働く国家公務員の官僚(↑83ページ)たちです。

官僚は厳しい採用試験を経たエリートですが、国民が選んだわけではありません。なので、あくまで内閣の指揮下で働きます。

国務大臣は、過半数を国会議員から選ばなくてはなりません(民間人が国務大臣になった例もあります)。特定の行政機関の長にならない内閣府特命担当大臣(少子化対策など)もいます。

内閣総理大臣は内閣のリーダーとして、内閣全体の統一性を保ち、重大な決定を行うためにいます。例えば、内閣の全員が出席する閣議(通常週2回)を主宰することなどが仕事です。

内閣の仕事としては、国の財政の計画である予算の作成、法案の作成、外国との条約の締結などがあります。そして実際に政治を動かしていきます。

内閣は、衆議院の選挙を通じて、間接的に国民から選ばれているといえます。

今回のまとめ

内閣は国の行政を指揮する役目。

三権分立ってなあに？

権力を分散しないと

立法・司法・行政

国の政治を行う三つの主要な権限。法律をつくるのが立法権で、国会が担当する。法律に基づいて犯罪を罰したり、もめごとを解決したりするのが司法権で、裁判所が担当する。法律に基づいて国を統治するのが行政権で、内閣が担当する。

三権分立

権力が一つの機関に集中すると、権力が暴走して人権が侵害されるおそれがある。フランスのモンテスキューは、権力を立法権・司法権・行政権に分け、互いに抑制させることで権力の行きすぎを防ごうとした。

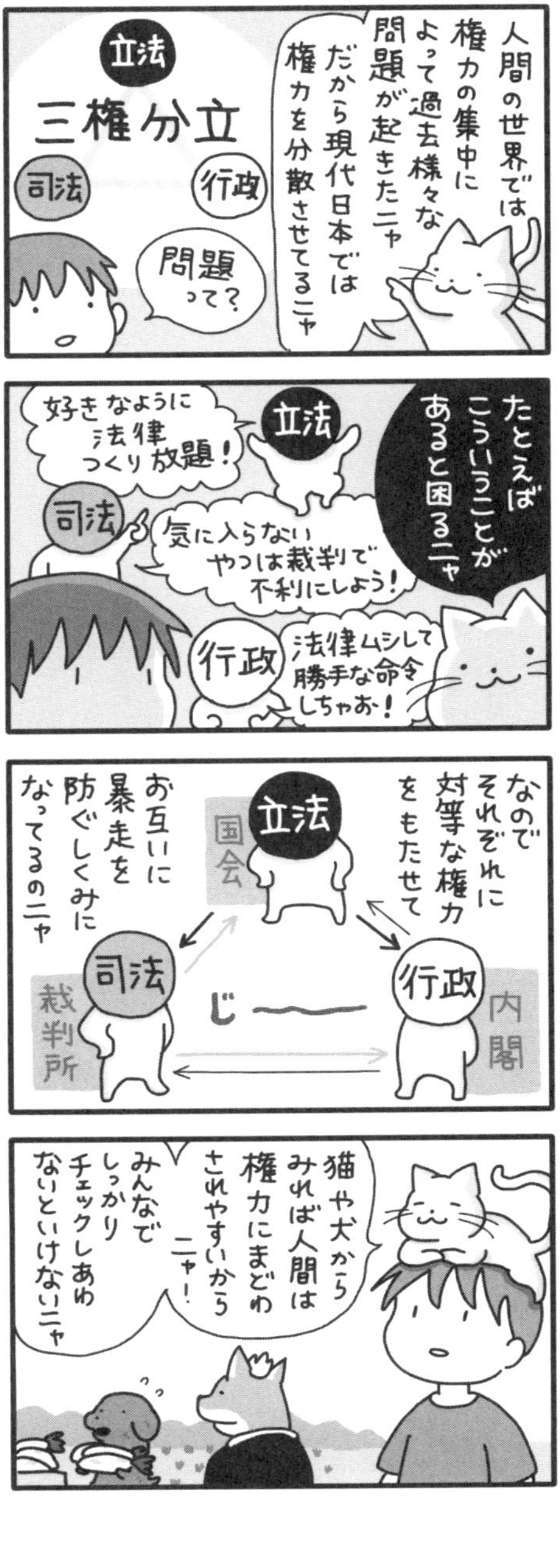

国会、内閣、裁判所の絶妙なバランス関係

立法、司法、行政の三すくみ

国家を統治するには権力が必要です。税を取り立てたり、犯罪者を処罰したり、侵略者から自国を守ったり……。こうした権力は必要なものですが、暴走して国民の人権を抑圧するかもしれません。

フランスの思想家モンテスキューは、著書「法の精神」の中で、権力の暴走を防ぐしくみとして「三権分立」を唱えました。国家権力を立法、司法、行政に分け、互いに牽制・抑制させるのです。

三権の中身を見てみましょう。立法とは法をつくることで、国会（議会）が担当します。司法とは法に基づいて秩序を守ることで、裁判所が担当します。そして、行政とは法に基づいてさまざまな政策を実行することで、日本では内閣が担当します。

三権の上に立つ存在がいる？

では、三権はどのように互いを牽制するのでしょうか。日本の事例を見てみます。

例えば、内閣は最高裁判所長官を指名す

る権限を持ちます。逆に、裁判所は内閣の出した法令・処分が憲法に違反していないかを判断できます（法令の違憲審査権）。

また、裁判所は国会の制定した法律が憲法違反でないか判断できます（違憲立法審査権）。一方、国会は不祥事を起こした裁判官を罰する弾劾裁判を開きます。

さらに、国会は内閣総理大臣を指名したり、衆議院が内閣不信任案を決議したりできます。それに対し、内閣は衆議院を解散する権限を持ちます。三つの権力が、すべて互いに抑制する&される関係になっていることがわかりますね。

そして、日本では主権者である国民も三権に力を行使できます。国民は国会議員（立法権）を選挙でき、世論によって内閣（行政権）に影響力を持ちます。最高裁判所（司法権）の裁判官が信任できるか決める国民審査もあります。

こうしてみると、理念の上においても、日本の最高権力者は「私たち国民」ということになりますね。私たちは、権力を監視する権限を行使していかなければならないのです。

今回のまとめ

三権分立は、どの権力も暴走しないようにするしくみ。

第3章

内閣や政党のキホン

国会と内閣はどんな関係？

解散するときは

解散

衆議院議員の職を失わせ、総選挙をやり直すこと。内閣総理大臣は事実上、衆議院を解散する権限を持ち、「伝家の宝刀」とも呼ばれる。内閣不信任案が可決された時も、民意を問うため解散する選択肢がある。

内閣不信任決議

衆議院が、内閣を信頼できないと判断した時には内閣不信任の決議を行う。内閣不信任決議が可決された場合、内閣は10日以内に総辞職するか、衆議院を解散するかを選ばなければならない。

内閣と国会の切っても切れない関係とは

首相の「伝家の宝刀」とは？

内閣総理大臣は、国会の指名によって選ばれ、天皇が任命することはすでに話しました。ここでは、内閣と国会の密接な関係を詳しく説明しましょう。

日本の制度では、選挙に勝利して議会で多数を占めた政党が与党になります。内閣が国会の信任に基づいて成立しているのですね。この制度を議院内閣制といいます。議院内閣制はイギリスで誕生し、日本もモデルにしています。

国会は、内閣総理大臣の指名以外でも内閣に影響力を持ちます。例えば、衆議院が「今の内閣は信頼できない」と判断し、51人以上の賛同を得られれば、内閣不信任決議を求めることができます。可決されれば、内閣は10日以内に衆議院を解散するか、総辞職するかしなければなりません。

また、内閣総理大臣は衆議院の事実上の解散権を持っています。解散すると議員は失職するので、内閣は解散をちらつかせて国会を牽制することができます。内閣が世論の風向きを見て、勝てそうだと判断したタイミングで解散・総選挙に打って出ることもできます。このように、解散権は内閣総理大臣の強力な切り札になっています。

アメリカのほうが三権分立が厳格？

議院内閣制に対し、アメリカは大統領制をとっています。議院内閣制では議会の選挙の結果を受けて内閣総理大臣が任命されます。アメリカ型大統領制では、議会とは別に国民が大統領を選挙します。

アメリカの制度では、大統領が議会の議決した法案に対し拒否権を持つ一方、解散・招集権はありません。行政（大統領）と立法（議会）の独立性が強く、厳格な三権分立となっています。三権分立の項目では日本を例に話しましたが、議院内閣制では行政と立法がほぼ一体なので、厳密には三権分立ではないという見方もできます。

なお、フランスやイタリアのように、大統領制と議院内閣制の中間にあたる（大統領も内閣総理大臣もいる）半大統領制もあります。国によって、それぞれの権限の強さは異なっています。

今回のまとめ

解散権は内閣総理大臣の強力な切り札。

中央省庁（1府12省庁）とは？

大きな政府　小さな政府

1府12省庁

国の中央官庁をまとめていう語。1府は内閣府、12省庁は防衛省、国家公安委員会（警察庁）、総務省、法務省、外務省、財務省、文部科学省、厚生労働省、農林水産省、経済産業省、国土交通省、環境省を指す。

大きな政府・小さな政府

国の機能についての考え方。国の仕事は治安維持など最低限でいいという考えを小さな政府（夜警国家）、福祉などできる限り多くの仕事をすべきだという考えを大きな政府（福祉国家）という。

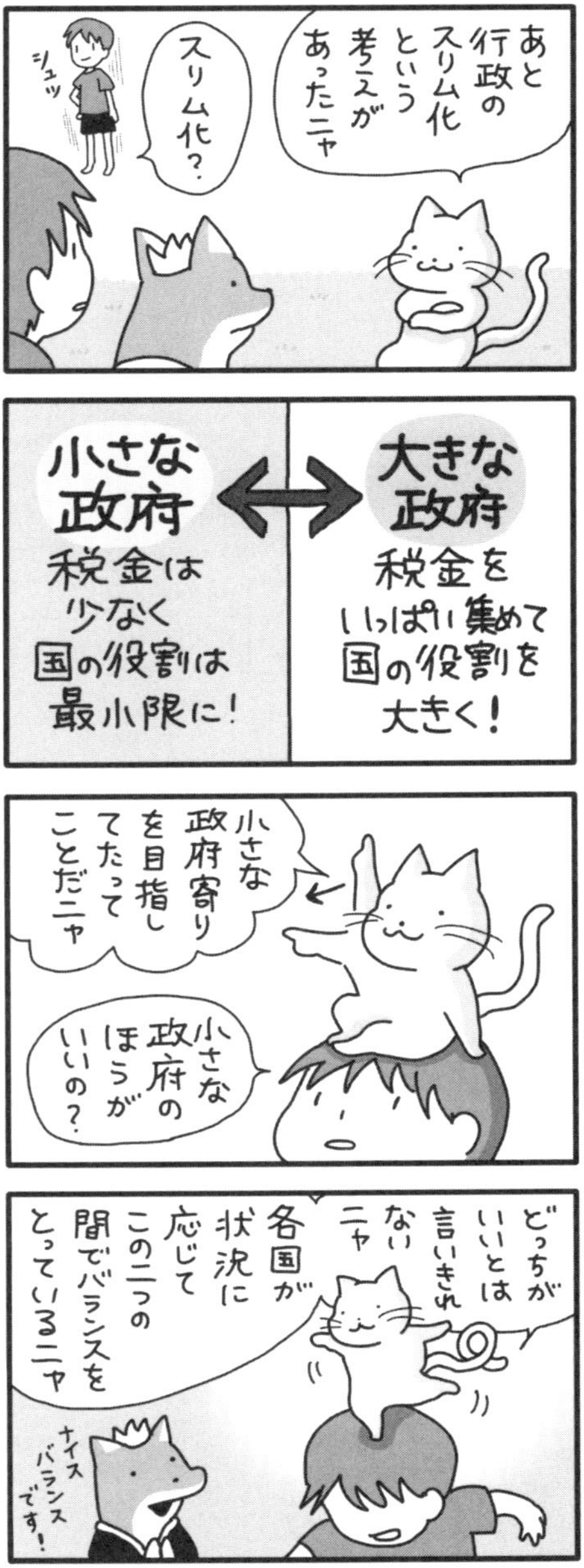

国の仕事を担当する行政機関には何がある？

大臣が中央省庁のリーダー

現代の国家には、さまざまな役割があります。外国と交渉したり、年金を支払ったり、公立の学校を運営したりと幅広く、それぞれに専門性が求められます。

国の行政トップは内閣総理大臣で、内閣は行政の指揮を執ります。行政の実務を担当するのは、外務省や厚生労働省、文部科学省などの行政機関（いわゆる中央省庁）で、1府12省庁が設置されています。

それぞれの省庁のトップとなるのは、外務大臣などの国務大臣（閣僚）です。内閣は、内閣総理大臣と国務大臣から構成されています。また、特定の省庁の長とならない特命担当大臣（少子化対策担当大臣など）が置かれることもあります。

憲法の規定により、国務大臣は過半数が国会議員でなければなりません。内閣総理大臣は、国務大臣を任命・罷免する権限を持ちます。各国務大臣は、それぞれの分野の専門家であることが求められます。しかし、現実には与党内部の事情に左右された人事になりがちです。

大きな政府と小さな政府の違い

国がどこまでの権限を持つかについては、「大きな政府」と「小さな政府」という考え方があります。

国の役割は、国防や治安維持など最低限で良いという考え方が「小さな政府」で、「夜警国家」ともいいます。

これに対し、福祉や貧富の差の是正などを積極的に行うのが「大きな政府」で、「福祉国家」ともいいます。現代の国家は、国の権限が強い「大きな政府」といえますが、国民の税負担が大きくなるという批判もあります。

国の役割が大きくなり、世の中の問題が複雑化していくと、一つの省庁では対応できない問題も出てきます。また、自分の省庁の役割のみに集中してしまう「縦割り行政」という弊害も生まれます。

2001年には中央省庁の再編が行われ、1府22省庁が1府12省庁へとスリム化されました。このように、大きくなりすぎた行政の無駄をなくしていく行政改革が進められています。

今回のまとめ

1府12省庁は、行政の実務を担当している。

キャリア官僚ってどういう人？

キャリア官僚はエリート

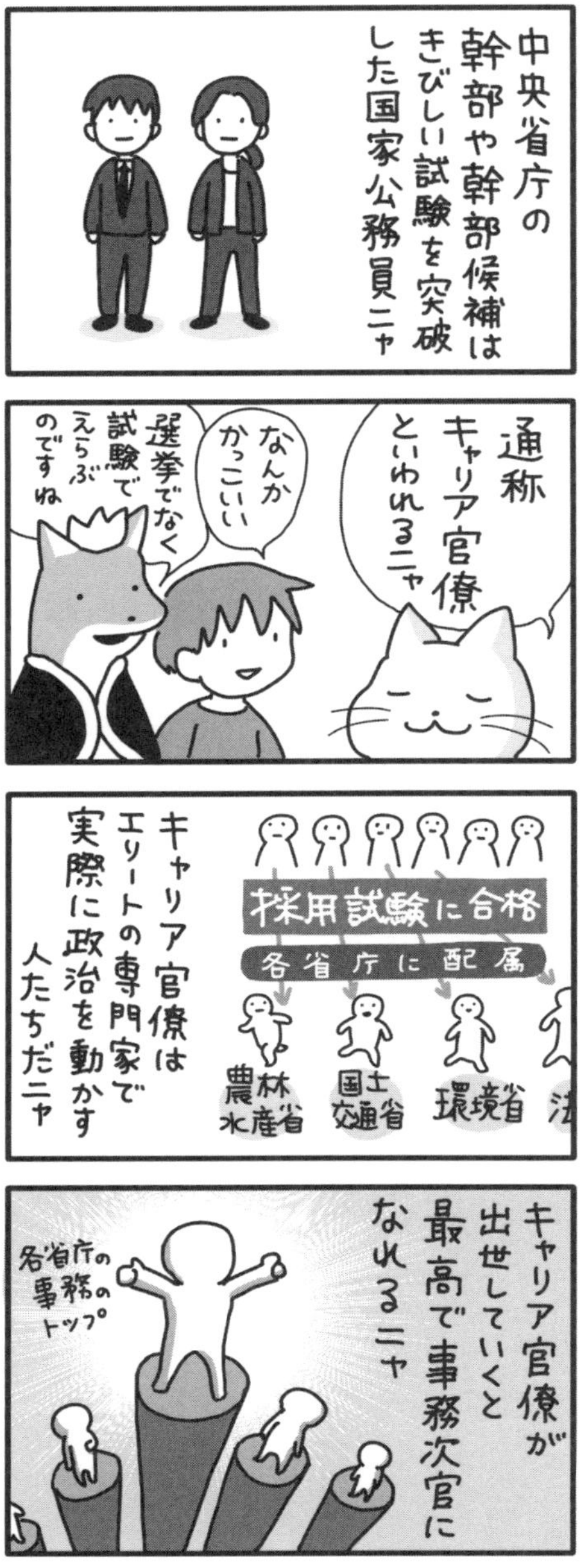
中央省庁の幹部や幹部候補はきびしい試験を突破した国家公務員ニャ
通称キャリア官僚といわれるニャ
なんかかっこいい
選挙でなく試験でえらぶのですね
採用試験に合格
各省庁に配属
農林水産省
国土交通省
環境省
キャリア官僚はエリートの専門家で実際に政治を動かす人たちだニャ
キャリア官僚が出世していくと最高で事務次官になれるニャ
各省庁の事務のトップ

官僚

行政を執行する公務員（役人）。特に、中央省庁に勤め政策に影響を与えるような上級の公務員をいう。実務に通じているが、実質的に政治家ではなく官僚が政治を動かしているという指摘もある（官僚政治）。

天下り

中央省庁を退職した元官僚が、民間企業や公益財団法人などに再就職すること。再就職自体に問題はないが、特定の企業や団体と省庁が癒着するおそれがあるなどの観点から批判を受けている。

中央省庁で働くキャリア官僚ってどんな人？

公務員は「全体の奉仕者」

行政の仕事の実務を動かすのが公務員です。憲法では、公務員は一部の人々のために働くのではなく、「全体の奉仕者」であることが求められています。

公務員は、地方公共団体で働く地方公務員と、国で働く国家公務員があります。特に、中央省庁の幹部として働く国家公務員の総合職は「キャリア官僚」ともいいます。高倍率の国家試験を突破した専門性の高い人材です。

官僚たちは、外務省や財務省などの省庁ごとに採用されます。官僚がつくことのできる最も高い地位は、それぞれの省の事務次官です。省のトップは政治家などがつく政務三役（大臣、副大臣、大臣政務官）であり、これに次ぐことから「次官」となります。事務次官は、「事務方のトップ」と表現されることもあります。

批判を受けた「天下り」

官僚の仕事は、内閣が決めた方針に従っ

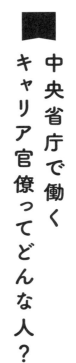

て政策を実行することです。また、予算案や法律案、大臣などの国会答弁の作成も仕事の一環です。とりわけ、国会対応の仕事は官僚が激務となる要因とされています。本来、各省庁の大臣は、自分の言葉で話すのがあるべき姿なのですが、「官僚の作文の棒読み」をするだけの人もよく見られます。

また、省庁内部の上位のポストには限りがあるため、出世競争に敗れた官僚たちがあぶれることになります。退職した官僚たちは、あっせんを受けて外郭団体（行政機関の外にあるが、つながりの深い団体）や民間企業などに再就職し、幹部として好待遇を受けることが多くあります。このような慣行を天下りといいます。

官僚が専門知識を生かして再就職すること自体に問題はありません。しかし、元官僚を受け入れた民間企業が国から優遇され、癒着の原因になるといった問題が多々ありました（2005年の橋梁談合事件など）。

天下りへの批判を受け、国家公務員の再就職に対する規制もできましたが、十分に防げているとはいいがたい状況です。

今回のまとめ

官僚の仕事は、内閣が決めた方針に従って政策を実行すること。

第3章
内閣や政党のキホン

政党ってどんなもの？

保守？ 革新？

保守

急進的な改革に反対する立場で、右派ともいう。日本では、自由民主党が一般的に保守政党とされる。愛国主義（ナショナリズム）と結びつきやすく、富裕層に有利な政策をとることが多い。

革新

積極的に国家を改良していく立場で、左派、リベラルともいう。日本では、立憲民主党や日本共産党が革新政党とされる。庶民や貧困層に有利な政策を主張し、価値観の多様性を重んじる傾向がある。

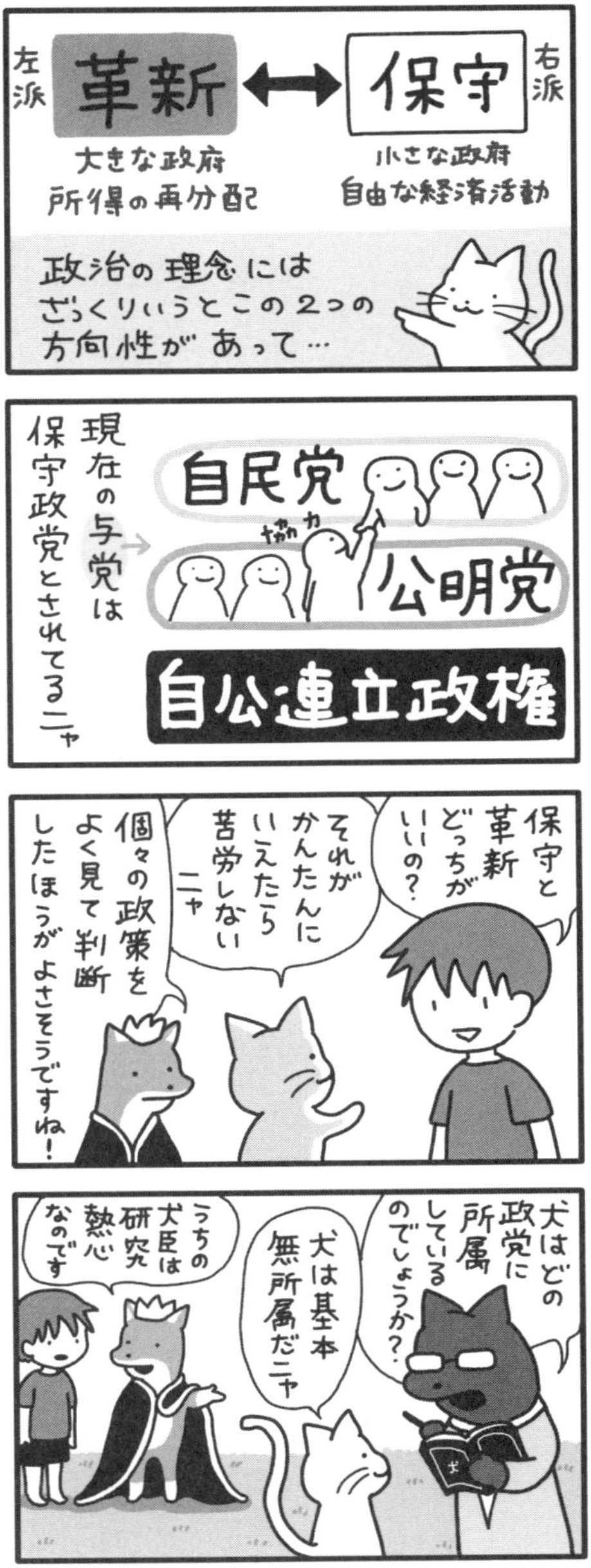

日本にはどんな政党がある？どんな特徴があるの？

国政政党になれる基準とは

政党とは、政治的な考えが近い人々が集まった団体です。日本の主な国政政党を紹介しましょう。

一般に、政治資金規正法の定める「政党助成金の交付対象となる政党」を国政政党と呼びます。その条件とは「①所属国会議員が5人以上」または「②所属国会議員が1人以上、かつ直近の国政選挙での全国の得票率が2％以上」のいずれかです。

政党の政治志向は、おおむね保守（右派）と革新（左派）に分かれます。保守は急激な改革を望まず、一般に富裕層に有利な政策です。一方、愛国心（ナショナリズム）と結びつきやすく庶民層の支持も得られます。

革新は、主に貧困層や弱者の利益を代弁して格差の是正を訴えます。政策は理想主義的ですが、安全保障面などで現実主義が好まれるようになり、近年は低調です。

いろんな背景を持つ日本の政党

日本で政権を握っている自由民主党（自

民党）と公明党は、一般には保守政党とされます。最大の政党である自民党については次ページで詳しく説明しましょう。

公明党は宗教団体の創価学会を支持母体とし、大きな集票力を持ちます。そのため、自民党にとっては公明党との選挙協力が欠かせません。

野党第一党は、2009〜2012年に政権を担った民主党の流れをくむ立憲民主党です。党の姿勢は革新よりですが、所属議員の考え方は中道右派〜中道左派に広がりを持ちます。近年、大阪を基盤に支持拡大をねらうのが日本維新の会です。大衆色の強い右派政党といえるでしょう。

日本共産党は、現存する日本最古の政党です。社会民主党（社民党）は、かつては最大野党でしたが大きく勢力を減退させています。いずれも、護憲や格差是正を訴える革新派政党です。同じ革新政党でも、れいわ新選組は新興勢力です。

国民民主党は民主党の流れをくみますが、中道右派政党として他の野党と差別化を図っています。他、過激なパフォーマンスで耳目を集めたＮＨＫ党も国政政党です。

今回のまとめ

いろんな政党のいろんな主張に耳を傾けてみよう。

自民党ってどんな党?

ロング政権

与党と野党

政権を担う政党を与党、政権に参加せず政府の監視や批判を行う政党を野党という。現在の日本では、自由民主党と公明党が与党。自民党が結党された1955年以来、わずかな例外を除いて自民党が政権を担ってきた。

派閥

組織内の人々の集団。特に、巨大政党である自由民主党ではいくつもの派閥が存在する。政治的意見を共有したり、政策を研究したりする集団だが、利害で結びついているケースも多く、「政治とカネ」問題の温床となった。

巨大与党・自由民主党とはどんな政党なのか？

社会党に刺激されて保守勢力が合流

現在、国会で最大の勢力を持つ政党が自由民主党（自民党）です。1955年の結党以来、わずかな期間を除いて政権を握ってきました。戦後の日本政治史は自民党の歴史といっても過言ではないのです。

1955年10月、革新（リベラル）政党である社会党の右派・左派が合同し、一大勢力となりました。この動きに保守陣営も対抗し、11月に自由党と日本民主党が合流して自由民主党が結成されました。

以後、国会の議席は3分の2弱が保守勢力、3分の1を革新勢力が保持し、自民党が一貫して政権を握っています。これを55年体制と呼んでいます。

自民党のトップは総裁といい、初代は鳩山一郎という人でした。自民党が国会の多数を占めている限り、自民党の総裁＝内閣総理大臣ということになります。

自民党がずっと与党でいられる理由

なぜ、自民党はこれほど長期間政権を

握っていられるのでしょうか。

まず、国民に経済的恩恵を与えられたから、という側面があります。「所得倍増計画」を掲げた池田勇人内閣は、高度経済成長を実現し、国民の支持を得ました。

また、長期にわたる自民党政治の中で、派閥政治が発達したことも挙げられます。保守政党の自民党といっても、リベラルよりの宏池会（岸田文雄前首相が所属）、保守色が強い清和会（故安倍晋三氏が会長だった）など、多少の違いがあります。派閥の長たちは、総裁の座を手にするため激しい権力闘争を繰り広げました。総理が別の派閥の長に交代すると、政治が刷新したような感覚を国民に与えられます。これを疑似政権交代といいます。

しかし、自民党の派閥政治は「政治とカネ」の問題をたびたび引き起こしました。相次ぐ汚職によって国民が自民党を見放し、1993年の総選挙では自民党が敗北し政権交代となりました。

さまざまな問題を指摘される自民党政治ですが、野党の多党化などもあって、国政選挙では安定して勝利を得ています。

今回のまとめ

自民党の長期政権のカギは“擬似政権交代”。

コラム
中野's
eye
5

【中野晃一コラム】日本の首相の力は強いの？ 弱いの？

日本の首相はコロコロ代わり、弱いということがいわれてきました。確かにかつて「竹下派支配」といわれたりした時代（1987〜1992年）など、リクルート事件で首相を辞任した竹下登元首相の率いる最大派閥が政治の実権を握り、宇野宗佑、海部俊樹、宮沢喜一と首相を決めていました。

与党内では派閥の「数の力」がモノをいい、政府内では各省庁の官僚が公共事業や農業など特定の政策分野に影響力を持つ「族議員」と一緒になって政策調整や利権配分を行い、ボス間の采配や取引で物事が決まっていたのです。

これでは首相が大胆にリーダーシップを発揮できないと、冷戦終盤期以降、行政改革が推し進められ、首相官邸の機能強化がなされていきました。中央省庁の再編の一環として内閣機能の強化がなされ、経済財政諮問会議など首相主導の意思決定システムも整備されました。これに伴い、首相の補佐役である官房長官ポストも従来以上に重要な政府の最大のかなめになりました。

何よりも決定的だったのは、小選挙区制や政党助成制度の導入という政治改革によって、自民党内の政治力学が変化し、公認権やカネの流れを掌握した総裁や幹事長が相対的に各派閥のボスに対して有利になり、与党内の中央集権化が進んだことです。

これら行政改革と政治改革の結果、小選挙区制の特性をうまく利用し衆議院選挙で与党を大勝に導くことができるリーダーは、政府と与党の双方で圧倒的な権力をほしいままにし、「官邸独裁」とまでいわれる状況をつくり出しました。

2000年代前半の小泉純一郎政権と2012年12月から8年近く続いた第2次安倍晋三政権がこれにあたります。

ただこうした「強い首相」（あるいは「強すぎる首相」）は、衆議院で圧倒的な勝利を収め、参議院でも「ねじれ」が起きていないことが大前提で、小泉さんの前の森喜朗政権あるいはすぐ後の第1次安倍政権などが短命に終わったことなどから明らかなように、官邸機能が強化されていても必ずしも首相がリーダーシップを発揮できるわけではありません。

いちおう衆参両院で選挙に勝っていても、個人的な人気や力量があるとはいえなかった岸田さんは、党内の権力基盤が安定しない「弱い首相」で終わってしまいました。

コラム
中野's
eye
6

【中野晃一コラム】

どうして ずっと自民党が政権にいるの?

1955年の結党から今日までの約70年間、自由民主党(自民党)が野党だったのは5年にもなりません。世界でも類例のない万年与党といえます。

　自民党支配がピンチに陥ったことがなかったわけではありません。1955年の結党も、当時ライバルの社会党が広い支持を集め、実際に政権に参画した時期もあったことから、革新政権の誕生を阻止するねらいで日本民主党と自由党という保守政党同士がくっつく「保守合同」が、財界やアメリカの働きかけにより実現したのでした。

　こうして政権にいながら自民党は誕生し、以後も政権にい続けることが最大の目標となりました。そのためには手段は選ばず、政治理念も政策も妥協する「柔軟さ」が自民党の特徴であり、強みです。

　政権維持を最優先する自民党の節操のなさは別に褒めた話ではないと思いますが、それをすごいと褒める人がメディアに出てきたことも一党優位制を確立したことの成果といえます。権力というのは何よりも強力な接着剤なのです。

長期の政権運営はカネで支えられ、自民党は財政赤字を膨らませてでも公共事業や補助金のバラマキで支持を調達し、一方で政官業の癒着、汚職、腐敗、利権のシステムをつくりました。

こうした公私のカネの流れに依存する政治が次のピンチを招くと、今度は「小さな政府」「自己責任」の新自由主義的な「改革」を標榜し、カネでまかなっていた支持集めをナショナリズムで一部代替するようになりました。構造改革や郵政民営化、派遣労働の大幅拡大などを推し進めた小泉純一郎首相は、在任中、靖国神社への参拝を続けて保守派の支持を取り付けました。

第2次安倍政権に至ると、メディアの抑圧と懐柔も進み、自己責任や自助、自粛を国民に浸透させる一方で、会長らの人事をテコにNHKを押さえ、慰安婦問題で朝日新聞を屈服させようとしました。また官邸支配の強化で官僚制も公正な行政の原則を捨て、政権与党のいいなりになりました。

統一教会や裏金問題によるピンチ打開に、石破さんへの「擬似政権交代」では乗り切れず、今回の衆院選（2024年）では自民党に逆風が吹き、15年ぶりの自公の過半数割れとなりました。投票によって政治が動く、という好例になったのではないでしょうか。

まとめ 3

シバレウス11世の勉強ノート③

☑内閣は国の行政を指揮するトップの役目。

☑どこかの権力が暴走しないように、三権分立のしくみがある。

☑内閣総理大臣は解散を切り札としている。

☑日本では1府12省庁が行政の実務を担当している。

☑官僚は、内閣が決めた方針に従って政策を実行している。

☑日本にはいろんな特徴を持つ政党がある。

☑自民党の長期政権のひみつは、擬似政権交代。

第4章

憲法や社会保障などのキホン

憲法や基本的人権のこと
憲法第9条や自衛隊、
社会保障などのキホンを知ろう

日本国憲法ってどんなもの？

憲法と法律

※具体的な事件の訴訟に際してのみ、違憲審査ができる

日本国憲法

1946年公布、1947年施行。敗戦後、GHQによって作成された草案をもとに、日本政府が作成した。手続き上は、大日本帝国憲法の改正という形で帝国議会で制定された。国民主権・基本的人権の尊重・平和主義を原則とする。

憲法改正

憲法を改正する場合、衆議院・参議院で総議員の3分の2以上の賛成で発議され、国民投票で有効票数の過半数の賛成が必要である。現在、憲法第9条などが憲法改正の主な争点となっている。

日本国憲法が果たしている重要な役割って何？

憲法は権力をしばるもの

　ニュースを見ていると、しばしば憲法改正の議論が話題になりますね。そもそも、皆さんは憲法とは何かご存知でしょうか。

　憲法とは、国民の権利や自由を守るために定めた、国の基本となる最高法規です。昔は君主が乱暴な政治を行うこともありましたが、憲法があれば国家権力の暴走を防ぐことができます。憲法によって権力を抑制する考え方を立憲主義といいます。

　日本が西洋をお手本に初の憲法（大日本帝国憲法）を制定したのは明治時代のことです。しかし、明治憲法では人権を「法律の定める範囲内で」のみ保障するなど、権力の行きすぎを防ぐ面では不十分でした。戦後に制定された日本国憲法は、戦争の悲劇を再び引き起こさないよう、先進的な内容になりました。

　明治憲法では天皇が主権を持っていましたが、日本国憲法では国民が主権を持ちます。基本的人権は「侵すことのできない永久の権利」とされ、第9条では戦争の放棄をうたっています。「①国民主権②基本的人権の尊重③平和主義」が、日本国憲法の三大原則です。

憲法の本来の役割を忘れない

憲法改正の発議には、衆議院・参議院で3分の2以上の賛成が必要です。さらに、国民投票で過半数の賛成があれば憲法の改正が実現します。2023年現在、憲法改正に前向きな自民党・公明党・日本維新の会・国民民主党が両議院で3分の2以上を占め、改憲論議が進み始めています。

憲法を時代に合わせて変えていくことは大切です。しかし、憲法の本来の役割が「国家権力の抑制」であることを忘れてはいけません。例えば、現在の憲法改正の議論では、「緊急事態条項」を盛り込むことが検討されています。非常事態に内閣が国会の機能を兼ねるなどの内容で、国家権力への抑制の度合いを低下させ、人権保障をおびやかす可能性があります。

憲法改正について最終決定権を持つ国民一人ひとりが、改憲案が本当に適切かどうかを見極めていく必要があります。

今回のまとめ

憲法は、国民の権利や自由を守るために定めた国の基本となる最高法規。

基本的人権ってなあに?

3つの原則

日本国憲法は序文～百三条まであるニャが
そんなに!
基本原則はこの3つニャ
①国民主権
②基本的人権の尊重
③平和主義
これだけならおぼえられる
①はさっきから言ってきたように
王様や限られた一部の人でなく
国民みんなが国に対して権力があるってことニャ
私がぜんぶ決めます!
全員で決めよう!
②基本的人権 これは人間が生まれながらにして持っている当然の権利のことだニャ
・平等に生きる権利
・自由を保障される権利
・人間らしい生活を送る権利
etc…

基本的人権

すべての人間が生まれながらにして持ち、侵すことのできない永久の権利。フランス人権宣言やアメリカ独立宣言を経て確立した。大きく平等権・自由権・社会権の3つに分類される。

自由権

人が国家権力から不当な制約を受けない権利。身体の自由（奴隷的拘束の禁止など）、精神の自由（思想・良心の自由など）、経済活動の自由（職業選択の自由）の3つに分類される。

基本的人権が保障されるまでの長い人々の戦いとは

「侵すことのできない永久の権利」

日本国憲法は、「国民主権・基本的人権の尊重・平和主義」を基本原則としています。ここでは、基本的人権とは何かについて説明しましょう。

基本的人権（単に「人権」といっても可）とは、人が生まれながらにして持っている、何人も侵すことのできない永久の権利のことです。日本国憲法の下では、日本国民でなくてもすべての人に人権が保障されることになっています。

基本的人権の概念がなかったころは、権力者が思いのままに人を投獄したり、処刑したり、財産を没収したりできました。長い時間をかけた戦いの末に、国家は基本的人権を保障するようになったのです。

人権を勝ち取るまでの長い歴史

17世紀から18世紀にかけて、西洋では市民革命が相次ぎ、君主による専制が否定されました。この際、権利章典（英）、独立宣言（米）、人権宣言（仏）などの文書が出され、基本的人権の保障がうたわれました。この時代には、身分制度を否定する平等権や、国家から個人への制限をなくす自由権の保障が実現しています。

自由権は、身体の自由・精神の自由・経済活動の自由に分かれています。身体の自由は、正当な法の手続きによらなければ逮捕されないことなどを指します。精神の自由は、思想・良心の自由や表現の自由など、内面の自由です。経済活動の自由には、財産権の保障や職業選択の自由などが含まれます。

近代になると、貧富の格差や劣悪な労働環境など、資本主義の問題点が明らかになってきました。そこで、人間らしく生きる権利である社会権の考えが登場してきます。1919年にドイツで定められたワイマール憲法は、史上初めて社会権を規定しました。社会権は、生存権や労働基本権、教育を受ける権利などからなります。

他に、国民が政治に参加する権利である参政権や、国や地方公共団体に要望を出す請願権、裁判を受ける権利なども基本的人権として認められています。

今回のまとめ

基本的人権は、人が生まれながらにして持っている権利。

憲法第9条をどう考える？

平和主義

平和主義

日本国憲法の3原則の一つ。前文の「政府の行為によって再び戦争の惨禍が起ることのないようにすることを決意し」などの部分と、第9条の戦争放棄・交戦権の否認・戦力の不保持の条文で規定されている。

憲法第9条

戦争の放棄、戦力の不保持などを規定。「他国から攻められた時の自衛戦争は可能か」「自衛隊は戦力にあたるか」といった議論がある。日本政府は、自衛のための戦争は可能で、自衛隊も合憲という立場である。

戦争放棄をうたう憲法第9条 自衛隊はOKなの？

第9条はあるが自衛隊は持つ

日本国憲法の三つ目の柱が「平和主義」です。前文と第9条でうたわれていますが、特に第9条の「戦争の放棄」「陸海空軍その他の戦力の不保持」「国の交戦権の否認」は有名です。

平和主義は、第二次世界大戦での悲劇を繰り返さないという決意を示しています。理念としてのすばらしさは議論するまでもないでしょう。

しかし、「自国が戦争を放棄しても、他国が攻めてくることは避けられないのでは？」という疑問も出てくるでしょう。

第二次世界大戦で敗れた日本は、すべての軍隊を解散させ、連合国の占領を受けました。そして、平和主義をうたった日本国憲法を公布しました。しかし、1950年の朝鮮戦争をきっかけに、自衛隊の前身となる警察予備隊を設置します。

憲法で戦争の放棄をうたいながら、実質的な軍隊である自衛隊を持つ。憲法上の理想と現実の必要性にどう折り合いをつけるか、政府は腐心してきました。

変化する日本政府の憲法解釈

日本政府の見解としては、外国の攻撃から身を守る自衛権は、「国の交戦権」とは別物で、憲法上も認められるとのことです。自衛隊は、「自衛のための最小限度の実力」しか持つことができません。

また、自衛権は個別的自衛権と集団的自衛権に分かれます。前者は、自国が攻撃された時に防衛する権利。後者は、同盟国が攻撃された場合、ともに防衛する権利のことです。

日本政府は長らく「日本国憲法下では個別的自衛権は認められるが、集団的自衛権は認められない」としてきました。

しかし2014年、安倍晋三内閣は集団的自衛権を部分的に容認することを閣議決定し、翌年に法改正を実施しました。政府見解の歴史的な転換です。

中国の海洋進出など、国際関係の緊迫化を受け、改憲論も高まっています。憲法第9条を変えて自衛隊や自衛権について明記するか、これまで通り政府の解釈によって運用するか。丁寧な議論が必要です。

今回のまとめ

憲法第9条については、理念と現実の間でいろんな考え方がある。

日本にアメリカ軍基地があるのは？

基地の課題

日米安保条約

1951年、サンフランシスコ平和条約（第二次世界大戦の講和条約）と同時に締結された。戦勝国による日本の占領が終わってからも、米軍が日本に駐留し、日本の安全を守ることが定められている。

日米地位協定

在日米軍基地の使用条件や、米軍人らが持つ権利を定めた協定。1960年以前は「日米行政協定」と呼ばれた。日本国内で米軍人が犯罪行為をした場合の日本の司法権が制約されているなど、不平等性が指摘されている。

どうして日本にアメリカ軍が駐留しているの？

日米安保条約が結ばれた理由

日本は憲法第9条によって戦争を放棄し、陸海空軍その他の戦力を保持しないとしています。しかし、本当に一切の軍事力を持たないのは、現実的ではないという考え方があります。第二次世界大戦後の日本は、理想と現実との狭間で苦悩してきました。

1945年、第二次世界大戦で敗れた日本は、アメリカを中心とする連合国の占領を受けました。GHQ（連合国軍最高司令官総司令部）は日本の非軍事化を目指し、旧陸軍と海軍を解散させます。新たに制定された憲法は、戦争放棄をうたっていました。

しかし、アメリカとソ連の対立である冷戦が激化すると事情が変わります。1950年に朝鮮戦争が勃発して東アジアの情勢が緊迫すると、自衛隊の前身である警察予備隊が創設されました。

翌年、日本はサンフランシスコ平和条約を締結し、独立を回復します。同時に、日本を防衛するために米軍が駐留を続けるという日米安全保障条約が結ばれました。日本は、共産主義の拡大を防ぐためのアメリ力の盾とされたのです。

米軍は日本の法律の適用外？

在日米軍や基地の取り扱いについては、日米地位協定で定められています。この協定では、米軍人が犯罪行為を行った時、アメリカの軍事法廷で裁かれることが定められています。日本の司法が裁けるのは、アメリカが容疑者の身柄引き渡しを認めた時だけです。

この不平等な規定は、特に米軍基地が集中している沖縄の人々を苦しめてきました。1995年、米軍兵士3人による少女暴行事件の時には、犯人の身柄が引き渡されなかったため、住民による大規模な抗議が起きました。アメリカは運用の改善を約束しましたが、地位協定自体の改定には至っていません。

戦後、日本はアメリカに防衛を頼ったおかげで平和と経済成長を謳歌できました。その引き換えに、日本国内の事件なのに日本の法律が適用されないという、いびつな状況が生まれているのです。

今回のまとめ

在日米軍や基地の取り扱いは今のままでいいのだろうか。

社会保障ってなあに？

助け合い制度

社会保障制度

国民の最低限度の生活を保障する制度。とりわけ社会保険の制度は、19世紀後半のドイツで発達した。日本における社会保障制度は、社会保険・公的扶助・社会福祉・公衆衛生の4つの柱がある。

国民皆年金・国民皆保険

日本では、原則として20歳以上60歳未満のすべての国民は公的年金に加入しなければならない。また、すべての国民は公的医療保険への加入も義務づけられている。

社会保障制度は国民の生きる権利を守る

4つに分けられる社会保障

日本国憲法の第25条には、「すべて国民は健康で文化的な最低限度の生活を営む権利を有する」と書かれています（生存権の保障）。この条文の理念を実現するため、社会保障制度が整えられています。

わが国の社会保障は「社会保険・公的扶助・社会福祉・公衆衛生」の4つの柱からなっています。

社会保険とは、大勢の人からお金を集めておき、困っている人に給付するしくみです。年金保険や医療保険、介護保険などが含まれます。とりわけ、現在の日本はすべての国民が年金保険と医療保険に加入する「国民皆年金・国民皆保険」を実現しています。私たちが気軽に医療サービスを受けられるのは、日本の充実した社会保険制度のおかげなのです。

しかし、近年は少子高齢化が進んだため、国の歳出に占める年金保険や医療保険の支払い（社会保障関係費）が増え続けています。このまま少子高齢化が進むと、高齢者を支える現役世代の負担がさらに増加することは避けられません。

社会保障は社会全体のために必要

公的扶助は、病気や障害で働けないなどの事情を抱えた人に生活費を給付することで、生活保護の制度があります。生活保護は不正受給の問題がやり玉に挙げられることもありますが、実際の不正受給の割合は約0・4％にすぎません。

社会福祉は、子どもや高齢者、障害者などの社会的弱者を支援することです。デイサービスや児童養護施設・特別養護老人ホームの設置などがあります。

公衆衛生は、人々の健康を守るための活動です。上下水道の整備や、ワクチン接種をはじめとする感染症対策などです。

どのような人でも、予期しない事故や病気などで働けなくなるかもしれません。また、最低限の生活が保障されない社会では、犯罪に走る人が増え、治安が悪化するおそれもあります。社会保障は、生活に困っている人だけでなく、社会全体のためにも必要なのです。

今回のまとめ

日本の社会保障制度は、現役世代の負担増の問題もある。

天皇は権力を持っていない？

天皇と王様

象徴天皇制

明治時代以降、日本政府は天皇を神格化し、大日本帝国憲法では「神聖にして不可侵」とされた。しかし、敗戦後に昭和天皇は自らの神性を否定し（「人間宣言」）、日本国憲法では天皇は日本国および日本国民統合の象徴とされた。

皇室典範

皇室に関する重要事項を定めた法律（1947年）。日本国憲法の公布にともない、一般法律として公布。皇位の継承、皇族の範囲、皇族の婚姻、皇族会議などについて定められている。

「日本国の象徴」である天皇は何の権力も持たない？

なぜ象徴天皇制が生まれたか

全部で１０３条ある日本国憲法の最初の条文（第１条）は、天皇の地位についてです。天皇とは、それだけ日本にとって重要な位置づけなのですね。

明治時代に制定された大日本帝国憲法では、天皇は国の元首であり、軍の統帥権など非常に強い権限を持っていました。実際のところ、戦前の天皇は元老という有力政治家の意向に従っており、専制君主だったわけではありません。しかし、天皇の権威が軍部に利用されるなどの事態が起き、日本は戦争に突入していきました。

この反省をふまえ、日本国憲法では「天皇は日本国および日本国民統合の象徴」とされています。象徴とは、実態のないものを目に見える形で表したものです。

天皇は「象徴」であるため、一切の政治的な権限を持ちません。国会の召集や内閣総理大臣の任命、外国の要人の接待など、天皇の仕事は儀礼的なものだけです。これらの仕事を国事行為といい、「内閣の助言と承認」のもとで行われます。

天皇とその家族（皇族）は、生活を保障されている一方、選挙権を持たない、政治的な発言が許されないなど、基本的人権をかなり制約されています。

皇位継承をめぐる議論も

皇室に関する事項は、皇室典範という法律に定められています。それによれば、天皇の地位は男系の男子にのみ継承されます。しかし、現在の皇室は男系の男子が少なく、将来的に断絶する可能性もあります。受け継がれてきた伝統を守るのか、皇室の持続性のため規定を変えていくのか、その判断は容易ではありません。

また、上皇明仁さま（先代の天皇）は、自らの意志によって約200年ぶりに退位（譲位）を行いました。天皇の退位の意向も、政治的な意思表示にあたるため、扱いが微妙なところでした。しかし、この時は世論が好意的に受け止め、特例法によって退位が実現しました。

国民は、皇室の抱えている課題に、今後も向き合っていく必要があります。

今回のまとめ

天皇は政治的な権限を何も持たない。皇位継承の課題もある。

裁判所はどんな働きをする？

もめごとの解決

民事裁判

お金の貸し借りに関するトラブルなど、個人や企業の間の紛争を解決する裁判。民事裁判のうち、個人や企業が国や地方公共団体を訴える裁判を行政裁判という。民事裁判では、訴えた側を原告、訴えられた側を被告という。

刑事裁判

窃盗や殺人など、刑法に触れる犯罪を裁く裁判。犯罪の疑いのある人（被疑者）を検察が起訴することで始まる。裁判官は、被告人が有罪か無罪かを判断し、有罪の場合は量刑も決める。

法によって秩序を守る裁判所の働きとは

三回も裁判を受けられる？

社会で生じるもめごとを法にのっとって解決する働きを司法といい、裁判所が担当しています。裁判所の働きについて、詳しく見ていきましょう。

裁判官は、法律と憲法のみに拘束され、自らの良心に従って職務を行います。裁判の公正さを保つため、内閣や国会などの他の権力が介入してはならないと定められています。（↑129ページ司法権の独立）。

裁判所には、最高裁判所と下級裁判所の二種類があります。下級裁判所は、高等・地方・家庭・簡易の各裁判所に分かれます。裁判を慎重に行うため、一つの事件につき三回まで裁判を受けることができます（三審制）。第一審の判決が不服なら控訴、第二審の判決が不服なら上告し、上級の裁判所で審理を受けられます。

裁判への敷居を下げる試みも

裁判には、刑事裁判と民事裁判の二種類があります。殺人や窃盗、詐欺などの犯罪行為について、有罪・無罪の判断や刑罰を決めるのが刑事裁判です。

刑事裁判は、警察や検察が捜査して集めた証拠をもとに進められます。犯罪の疑いをかけられている被疑者や被告人には、弁護士をつける権利などが認められます。冤罪などの重大な人権侵害を防ぐため、取り調べの可視化（取り調べの様子を録音・録画すること）も進められています。

一方、金銭トラブルや離婚調停など、個人や企業の間のトラブルを解決するのが民事裁判です。民事裁判では判決によって解決するだけでなく、当事者間の話し合いで和解に至ることもあります。

社会の秩序を守るために必要な司法ですが、一般の国民にとって親しみやすいとはいえません。そこで、国民にとって裁判を身近なものにする司法制度改革も行われています。

その一環が、くじで選ばれた国民が刑事裁判の第一審に参加する裁判員制度です。国民の感覚に近い判決が出されることが期待されますが、裁判員の負担が大きいなどの課題も残っています。

今回のまとめ

一つの事件につき三回まで裁判を受けることができる。

司法権の独立ってなあに？

司法権の独立

司法権（裁判所）は、内閣や国会など他の権力の影響を受けないという原則。明治時代、ロシア皇太子が襲われた大津事件で、内閣はロシアとの関係悪化を恐れて裁判所に犯人への死刑判決を要請した。しかし、裁判所は圧力をはねのけて無期懲役の判決を出し、司法権の独立の原則を守った。

国民審査

最高裁判所の裁判官が、その地位にふさわしいかどうかを国民が判断する制度。衆議院議員総選挙の際、国民が信任できない裁判官に×をつけて投票し、過半数が不信任であれば罷免される。

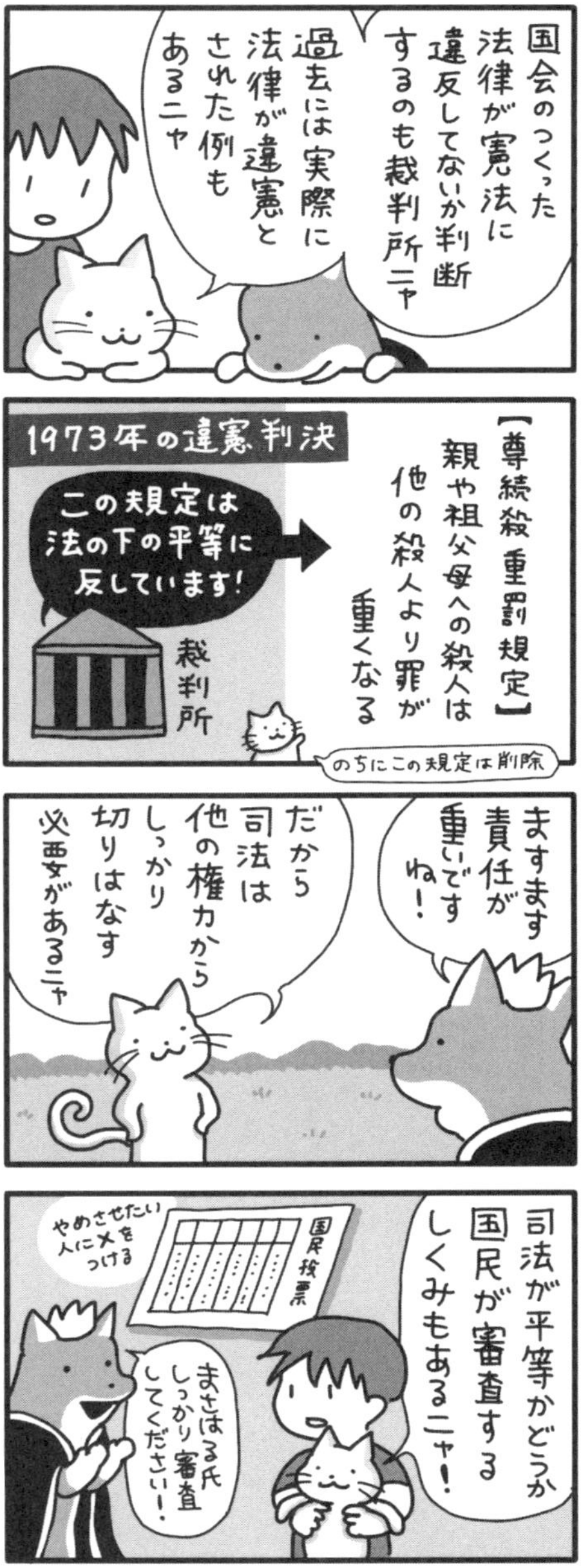

最高裁判所が「憲法の番人」と呼ばれる理由

大切な「司法権の独立」

近代的な国家ができる以前、国王のような権力者が、気に入らない者を投獄したり処刑したりできました。こうしたことが起きないよう、司法権は他の権力の介入を受けず、法と裁判官自身の良心にのみ従って判決を出さねばなりません。この原則を司法権の独立といいます。

また、裁判所は違憲審査権という重要な権限を持ちます。憲法は国の最上位に位置するきまり（最高法規）であり、憲法に反する法律や命令は認められません。国会の定めた法律や、内閣の発した命令などが憲法違反かどうかを審査するのが違憲審査権です。最高裁判所は、違憲かどうかを最終的に判断することから、「憲法の番人」とも呼ばれます。

かつての刑法には、親や祖父母などを殺害した場合、通常の殺人より罪が重くなる尊属殺人重罰規定がありました。1973年、この規定が憲法に定める「法の下の平等」に反するとして、史上初の違憲判決が出され、1995年には削除されています。

司法が遠慮することもある

一方、在日米軍基地をめぐる訴訟など、高度に政治的な国の行為については、大きな混乱を防ぐために違憲かどうかの判断を控えることもあります。この考えを「統治行為論」といいます。

一般国民からは遠く感じる司法ですが、国民が裁判所に影響を及ぼすこともできます。衆議院議員総選挙の際、最高裁判所の裁判官に対して国民審査を行えるのです。

国民審査では、有権者が辞めさせたい裁判官の名前に×をつけます。有効投票の過半数に×がついていた場合、その裁判官は罷免されます。

この制度で罷免された裁判官はおらず、無意味な制度だという批判もあります。しかし、司法がきちんと機能しているかどうかを有権者がチェックする大切な機会でもあります。審査を受ける裁判官が関わった主な判決などは、最高裁判所のホームページで常時公表されています。選挙のマニフェストとともに目を通してはいかがでしょうか。

今回のまとめ

最高裁判所の裁判官に対して、国民審査を行える。

コラム 中野's eye 7

【中野晃一コラム】自民党の派閥って？ 幹事長は？

自由党と日本民主党の保守合同でできた自民党は1955年の結党時から各党の異なる流れをくむ派閥の連合体のような性格がありました。総理・総裁を目指す大物政治家がそれぞれに派閥を率いていたのです。1994年まで続いた中選挙区制の時代では、同じ選挙区に複数の自民党候補が異なる派閥の支援を受けて競合し、熾烈な選挙戦を繰り広げました。自前のカネの流れや事務所を持つ派閥は、政党内政党のようでした。

自民党結党時から今に続く主要な派閥としては、池田勇人や大平正芳、宮沢喜一などを経て岸田文雄（岸田派）や麻生太郎（麻生派）に連なる宏池会の流れ、佐藤栄作、田中角栄、竹下登、小渕恵三らの系譜の平成研（茂木派）、そして岸信介、福田赳夫、安倍晋太郎、森喜朗らから安倍晋三へと続く清和会（安倍派）などがあります。

しかし小選挙区制が導入されて以来、政治資金や公認権など総理・総裁そして幹事長への中央集権化が進み、派閥の数や力は、総裁選や閣僚人事がある時、あるいは政権運営に一定程度モノをいいますが、総じてかつて総裁候補に率いられていたころのような結束の強さはなくなりました。

最大派閥の清和会も2012年に安倍晋三元首相が総裁に返り咲いた時は清和会会長の候補・町村信孝に逆らって出馬し、派閥を超えた右派グループの支援で勝利を収めています。安倍氏のあとを継いだ菅義偉元首相に至っては初めて無派閥で総裁になりました。

裏金問題発覚で岸田さんが派閥「解散」した後の石破新総裁も党内基盤は極めて脆弱です。自民党の派閥が本当になくなったとは思えませんが、再編・流動期にあります。

派閥に代わり従来以上に重要になったのが幹事長ポストです。自民党は総裁がほぼ常に総理で党務を幹事長に任せる慣行のため、事実上の党のトップで、集権化された政治資金や公認権の配分・決定にいっそう大きな影響力を持つようになったわけです。

総幹分離といって、総裁派閥でない他派閥から幹事長を選ぶのが通例ですが、総裁が権力基盤を固めきれていないと他派閥トップなどのライバルや自分以上の実力者を任命せざるを得ず、逆に政権基盤が安定すると、総裁の意をくんで動く幹事長を就けることができます。

コラム
中野's
eye
8

【中野晃一コラム】
野党はなぜ分裂を繰り返すの？

与党内部で意見が割れていても、党を分裂させたり、連立を離脱したりすることはほとんどありません。それは端的にいって、権力が何よりも強力な接着剤だからです。ほとぼりが冷めるまで待っていたら、やがて権力のうまみにあずかれます。

それに比べると、野党は権力がないので、分裂しても失うものがありません。それどころか、野党を割ってこっちに来たら多少権力にあずからせてあげるよ、と与党が誘い水を出したりします。

万年与党の自民党が、政権を維持し続けるために「疑似政権交代」よろしく政策をコロコロ変えても責任を問われないことも、ブレずに割れずに筋の通った野党をつくることを難しくしています。

与党の政策が変わるのに、野党が常に反対していれば何でも反対なのかと非難されます。野党の批判が有効だと、与党がその争点をパクってやるフリをします。

そのうち「対決型」なのか「提案型」な

のかと野党内で路線対立するよう仕向けられ、分裂するパターンが繰り返されています。

　実のところ、「野党はまとまらないから野党はダメだ」的な「野党＝ダメ」論がこれほど溢れかえる国はありません。というか、どう見ても与党がダメな時でも、それは野党がだらしないせいだ、というような論調さえちょくちょくメディアに見られます。

　与党がバラバラでも、政治というのはそういうものだと政局報道がなされるだけですが、野党の中で意見が割れていると「野党はバラバラだからダメなんだ」という解説がなされます。権力の有無の非対称性そのままに「強い与党」「弱い野党」というイメージをメディアが永遠に再生産し続けるようになっています。

　この悪循環を断ち切るには、野党が分裂せずに合併して大きな塊をつくったり、野党共闘で選挙協力をしたりしなくてはなりません。政権が見えてきたら大同団結するインセンティブが高まりますが、先に大同団結しなくては政権が射程に入らないのでなかなか大変です。

　まずは有権者が野党を育てる気にならなければ、いつまでも野党のせいにして、ダメな与党が権力にしゃぶりつくのを放置し続けることになります。

まとめ
4

シバレウス11世の勉強ノート④

- ☑日本国憲法の三大原則は、「国民主権」「基本的人権の尊重」「平和主義」。
- ☑基本的人権は、人が生まれながらにして持っている永久の権利。
- ☑憲法第9条は、理想と現実との間でいろんな考え方がある。
- ☑在日米軍の扱いは、日本の課題の一つ。
- ☑社会保障制度は、国民の生きる権利を守る。
- ☑天皇は政治的な権限を何も持っていない。
- ☑一つの事件につき、三回まで裁判をうけることができる。
- ☑司法権（裁判所）は、内閣や国会など他の権力の影響を受けない。

第5章

地方政治のキホン

地方と国の政治は違う？
地方では何ができる？
地方政治のキホンを知ろう

地方自治は国の政治とは違う？

身近なところの政治

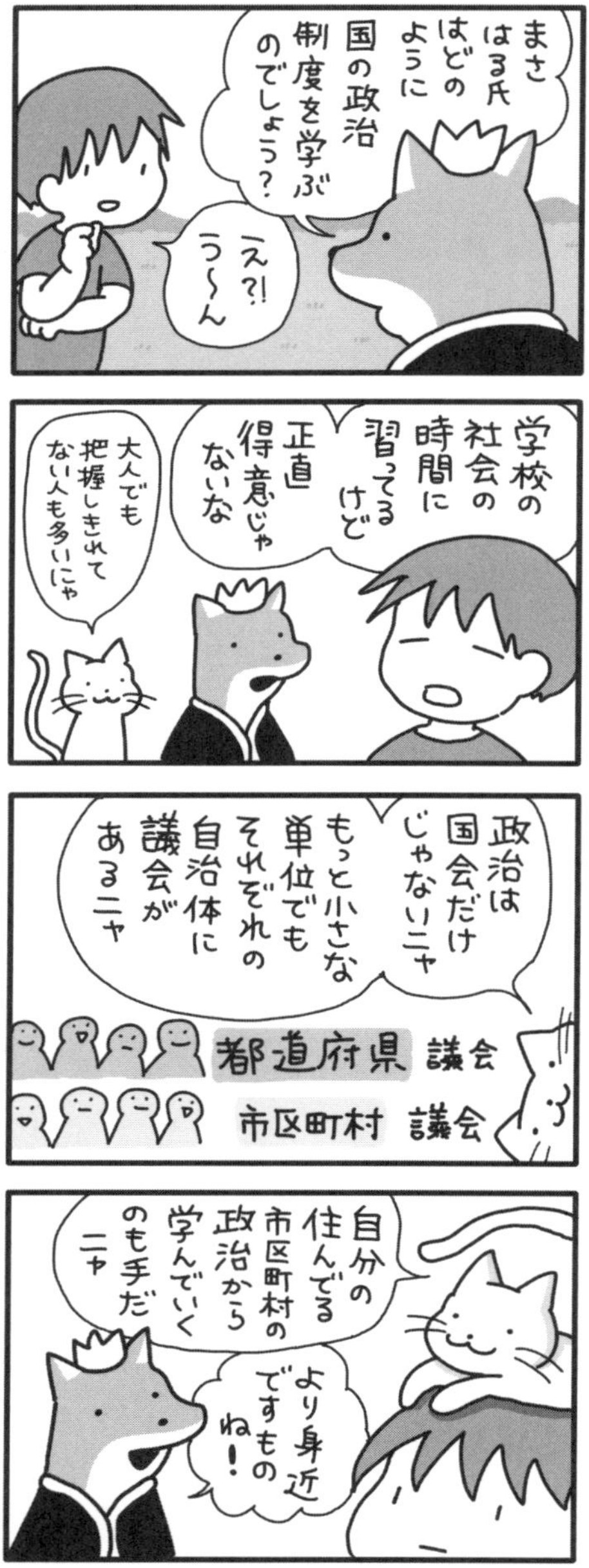

地方公共団体

地域を運営する単位で、地方自治体ともいう。都道府県や市町村を「普通地方公共団体」、東京23区などを「特別地方公共団体」という。地方公共団体は国から独立した組織で、国とは対等な立場である。

首長

都道府県知事や市区町村長など、地方公共団体の代表者。住民の選挙によって直接選ばれる。首長も地方議会議員も住民の直接選挙で選ばれることから、二元代表制と呼ばれる。

地方の政治を通じて民主主義を知る

地方政治と国の政治の違い

政治というと、どうしても国（中央）の政治を思い浮かべるでしょう。しかし、住民が地域を運営していく地方自治も政治に含まれます。住民自身が地域の問題を解決するという理念を「住民自治」といいます。身近な問題の解決に住民が参加するため、地方自治は「民主主義の学校」とも呼ばれます。地方自治を通じて民主主義を学べるという意味で、イギリスの法学者ブライスの言葉です。

地方自治は、都道府県・市区町村などの地方公共団体（地方自治体）が主に運営します。地方公共団体は、国の憲法や法律に反しない限り、独自に地域を運営できます。この理念を「団体自治」といいます。

地方公共団体の長が首長で、都道府県知事や市区町村長を指します。首長は、住民から直接選挙で選ばれます。また、地方公共団体には地方議会があり、地方公共団体の予算の議決などをします。

国の政治では、国民が選んだ国会議員を通じて内閣総理大臣が選ばれます。しかし、地方自治では住民が首長と地方議員をそれぞれ選挙で直接選ぶ（二元代表制）という点で、国の政治と異なります。首長は議会の議決した条令や予算に拒否権を持つ一方、議会も首長への不信任決議を行うことができ、互いに権力を抑制しています。

権限を地方に移す地方分権

国と地方というと、どうしても「国が上で地方が下」というイメージがあります。実際、かつては地方公共団体が国の仕事の下請けをしている側面がありました。

しかし、地域のことは住民が運営する地方公共団体が主体となって取り組んだほうがいい、という考え方も強くなってきました。1999年の地方分権一括法の制定以来、権限を地方に移す地方分権が進められています。

私たちの生活を支える地方自治ですが、国政選挙と比べて首長や地方議員の選挙は注目度が低く、投票率も低いのが現状です。「民主主義の学校」である地域の政治にも関心を持っていきたいですね。

今回のまとめ

国と地方は上下関係ではなく、対等な関係性。

地方の政治は何ができる？

政治のやり方

条例

地方公共団体が、法律の範囲内で定める決まり。地方議会の過半数の賛成で、制定や改正・廃止が行われる。痴漢・盗撮などを取り締まる迷惑防止条例はすべての都道府県にあるが、京都府の景観条例のような地方独自の条例もある。

地方財政

地方公共団体の経済活動のこと。一年間の収入を歳入、支出を歳出という。地方税など、地方公共団体が独自に集める財源を自主財源、国が支給する地方交付税交付金や国庫支出金などを依存財源という。

地方公共団体はどんなことができるのか

市区町村と都道府県の仕事の違い

地方公共団体（都道府県や市区町村）は、具体的にどのような仕事をしていて、何を決められるのでしょうか。

地方公共団体は、住民がより暮らしやすくなるための身近な行政サービスを提供しています。だから、都道府県を広域自治体というのに対して、市区町村を基礎自治体といいます。ごみの収集や、多くの公立小中学校・保育所・図書館の設置、各種公的書類の発行など住民の生活に密着した仕事は市区町村が行います。大きな河川の治水、公立高校の設置、警察など、複数の市区町村にまたがるような範囲の広い仕事は都道府県が担当します。

これらの大切な仕事に携わるのが地方公務員です。いわゆる役所で勤務する人だけでなく、警察官や消防士、公立学校の教員なども地方公務員です。

自治体独自のきまりもつくれる

地方公共団体は、憲法や法律の範囲内で

あれば、独自のきまりである条例をつくることもできます。条例を制定するのは地方議会の仕事で、条例案は首長や地方議員が提出できます。住民の請求によって制定することもできます（↑147ページ直接請求権）。

条例は、歴史的な景観を守るため建物や看板などを規制する京都府の景観条例など、地域特有の課題に関わるものが多いです。一方、同性パートナーシップを全国で初めて認めた渋谷区の条例など、先進的な取り組みもみられます。

地方公共団体の経済活動を地方財政といいます。地方公共団体の収入の基本は地方税ですが、足りない分は国からの補助や地方債（借金）でまかなわれます。

人口の多い自治体と、高齢化が進み人口が減少している自治体では、どうしても税収の格差が生じます。自治体ごとの格差を解消するため、国が分配しているお金が地方交付税交付金で、自治体が自由に使うことができます。また、国が使い道を指定して分配するお金を国庫支出金といいます。

多くの自治体で厳しくなっている地方財政は、現代日本の課題の一つです。

今回のまとめ

地方公共団体は条例をつくることができる。

第5章

地方政治のキホン

住民が直接政治に関われる？

新しい王

直接請求権

住民の意思を、地方自治に直接反映するための権利。条例の制定・改廃、監査請求、首長や地方議員の解職請求（リコール）、地方議会の解散などがある。それぞれ規定の署名を集めることで請求できる。

住民投票

地域の重要な問題について、住民の投票で意思を明らかにすること。市区町村の合併や原子力発電所などの受け入れをめぐる住民投票の事例がある。住民投票には、法的拘束力があるものとないものがある。

住民の声を自治体に届ける直接請求権って何？

住民の請求で首長がクビになる？

住民自治の観点から、住民は首長や地方議員の選挙以外でも地方自治に参加することができます。

住民が地方公共団体にさまざまなことを請求する権利を直接請求権といいます。例えば、条例の制定や改廃は、有権者の50分の1の署名を集めることで請求できます。地方議会での審議を経て、可決されれば実現します。お金の使い道に不正がないか調べる監査請求もできます。

また、首長や地方議員がその地位にふさわしくないと判断された場合、解職請求（リコール）を行うこともできます。選挙結果を覆すことになるので、必要な署名数は有権者の3分の1と、ハードルが高くなっています。同様に議会の解散請求も行えます。請求後、住民投票で過半数の同意があれば請求は実現します。

まだまだある住民参加の方法

また、個別の政策に関して住民に可否を

問う住民投票（レファレンダム）もあります。

住民投票は、その結果が首長や地方議会を拘束する場合と、政策の参考として使われる（必ずしも結果に従わない）場合があります。

住民投票は、市区町村合併や産業廃棄物処理場の建設などについて、賛否を問うものが多いです。近年では、2015年と2020年に大阪市で行われ、僅差で否決された「大阪都構想（大阪市を廃止して4つの特別区を設置する構想）」をめぐる住民投票が話題になりました。

住民がボランティアに参加したり、非営利団体（NPO）を組織したりして課題の解決を図ることもできます。その他の事例として、公正な行政が行われているか監視するオンブズマン（オンブズパーソン）制度が、一部の自治体では条例によって設置されています。中立的な立場のオンブズマンが、市民の苦情を受け付けて、調査や是正勧告を行う制度です。

地方自治は、財政難や人口減少などの問題も多いです。しかし、住民の協力や柔軟な発想を通じて、多くの自治体が地域の活性化に努めています。

今回のまとめ

住民は請求によって直接地方自治に参加できる。

コラム
中野's
eye
9

【中野晃一コラム】
行政改革って本当に必要なの？

1980年代、巨額の財政赤字が問題になると、「官から民へ」を標語に公社、公共事業、公共支出を削減し、民営化や自己負担増を推し進める新自由主義的な行政改革が中曽根康弘政権から始まるのですが、肥大化した財政赤字の責任を政治家が公務員に押し付けている面もありました。

1990年代に自民党が分裂し政党間競争が激化すると、ポピュリスト的な行政改革合戦が全盛を迎えます。「政官業の癒着打破」「政治主導」などのスローガンが入り乱れ、中央省庁の再編などの橋本行革や、構造改革・郵政民営化改革などの小泉行革で行くところまで行った感があります。

確かに地方への公共事業などはだいぶ減りましたが、財政赤字が解消したわけではありません。また政官業の癒着も、かつてのような組織ぐるみの談合や汚職、バラマキは減りましたが、オリンピックなどの大規模プロジェクトをめぐる利権と腐敗、モリカケサクラと総称されるような首相個人とその側近による権力の私物化が疑われるケースなどを見るに、高級官僚主導から有力政治家主導に変質しただけのようにも見えます。

公務員は、税金でまかなわれているのに怠けていて威張っているイメージがあるのか、安易なバッシングが横行して久しいです。かつては、給料は低いけどラクな仕事、今では特権階級みたいに語られます。でもこれは、日本の民間企業の労働条件の悪化を反映しているのです。

今や公務員減らしや公共サービスのカットが行きすぎた結果、国民生活に支障が出ているのに、なぜか首相が「子ども食堂、頑張れ」みたいに民間に責任を押し付けるようなことを平気で言う時代になったので、かつて行政改革を標榜した民主党の流れをくむ立憲民主党なども新自由主義批判を強めるようになりました。するとその隙を突いて、日本維新の会が「身を切る改革」をうたって都市部で一定の支持を集めています。

政治家が権力を集めるためのウケねらいではなく、国民生活のためになっているかで、有権者が行政改革の質と中身を見極める必要があります。

コラム
中野's eye
10

【中野晃一コラム】
女性の社会進出が進まないのは政治のせい？

世界経済フォーラムが毎年、男女格差を測るジェンダーギャップ指数を発表していますが、2024年の日本は146カ国中118位と超低空飛行を続けています。これは先進国の中でダントツの最低レベル、アジアでも韓国や中国、ASEAN諸国より低い結果です。

この指数は「経済」「教育」「健康」「政治」の4つの分野で調査されていますが、実は「教育」「健康」で日本は世界トップクラスなのに、「政治」「経済」分野でスコアが極端に低く、「政治」は113位、「経済」はなんと120位でした。2022年の参議院選挙で女性改選議員の割合は過去最高の28%となりましたが、2021年の衆議院選挙では、そもそも女性議員が10・1%だけだったのが、さらに下がって9・7%になりました。

安倍政権は「女性活躍」を目玉政策として唱えていましたが、実際には2020年までに「指導的地位に占める女性の割合を30%程度」に上昇させる目標を掲げていたものを「2030年までの可能な限り早期」と白旗を上げて遅らせました。

例えば日本は世界で唯一、選択的夫婦別姓制度を認めていない国になっています。世論調査によると今や自民党支持者でも2対1で賛成が反対を大きく上回っているのに、自民党右派が反対してきたので実現しないのです。これでは女性の社会進出が進むわけがないですよね。

政治や経済の意思決定の場に女性が少なすぎるということは、政策や雇用の現場で女性の声が無視されることを意味するので、女性に対する雇用差別や賃金格差の問題も深刻化しています。こうした問題は、とりわけ単身女性やシングルマザー世帯などに重くのしかかり、暮らしや命に関わるのです。

自民党は右翼的な女性議員を重用したり、スローガンで「やってる感」を出したりしていますが、保守イデオロギーが政策転換を阻止しています。ジェンダー平等で日本が世界に大きく遅れても、自民党は相変わらず多くの現職、世襲、男性議員を擁立して選挙に勝ち続けているので、政策転換して支持を広げようとするインセンティブがないのです。

コラム
中野's eye
11

【中野晃一コラム】
国会議員の質って落ちているの？

「選良」という言葉はもともと選挙で選ばれた政治家の美称ですが、今や死語になってしまいました。「エリート」という言葉もフランス語の「選ぶ」が語源になっています。やっぱり「選ばれし者」には優れていてほしいですよね、私たちの代表ですから。

ところが現実には、一般国民よりもレベルが低いのではないか、モラルが低いのではないかと感じざるを得ないような政治家が悪目立ちして、国会議員の質が低下している印象を強めています。こうした印象が強まるとなおのこと、まともな人は政治家になることを敬遠し、あざといだけで能力の低い人が政治に群がる悪循環を引き起こしているのかもしれません。

では昔はそんなに政治家が優れていたかといえば、本当は玉石混交でしたが、それでもさすがに今よりはマシだったと感じる人が多いのではないでしょうか。

政治家の質が劣化した理由は一つでは

ありませんが、とりわけ大きいのは衆議院における選挙制度の改正で、重複立候補を認める小選挙区比例代表並立制が導入されたことです。

１９９４年に選挙制度改革が実現した際には、政権交代が起きやすい二大政党制の下、政党間の政策ベースで選挙運動が行われるようになるというふれ込みでした。しかし政権交代は２００９年に一度あっただけで２０１２年末からは自民党の圧倒的な一党優位制が復活します。与党の現職や世襲議員はただでさえ小選挙区で有利な上に、比例区での復活当選まで可能なので落選しにくく、新陳代謝が極めて起きにくい制度になってしまった結果、その下で安泰な現職・世襲議員（しかも圧倒的に男性）が与党内にはびこり、さらには公認をもらうことが選挙に勝つために必須なので、党上層部にへつらうような具合になってしまいました。

かたや野党候補は、よほどの大物でない限り、次の選挙に備えて常に自分の小選挙区に張り付いてドブ板の政治活動をしていなければならず、じっくり腰を据えて独自の政策への取り組みを進めるのが難しくなってしまっています。

コラム
中野's eye
12

【中野晃一コラム】政府が憲法違反をしたらどうなる？

ヨーロッパ大陸の国などで憲法裁判所を持ち、政権与党のつくる法令について合憲・違憲の判断を下す役割を果たす場合があります。しかし日本はアメリカ型の最高裁判所が、具体的な係争に際してのみ、付随的に法令について憲法判断を示すしくみになっています。

そうした違いがあっても、アメリカでは最高裁判所が良くも悪くも積極的に憲法判断を下し、政府や議会に政策や法令の変更を求めてきましたが、日本の裁判所は憲法判断を避けることが多く、総じて保守的に政府の行うことを追認もしくは黙認し、あまりチェック機能を果たしていません。

とはいえ、まったく司法が機能していないわけではなく、さすがに一票の格差がひどいから完全に放置はできない「違憲状態」だとか（抜本的な改革を強いることはありませんが）、あるいは首相の靖国参拝に関して違憲判決は出ていても合憲判決はただの一度もないとか、政府に対して一定の歯止めをもたらすことはあります。

しかし、かなり明白に違憲な場合でようやくこの程度ですから、なし崩し的に政府が憲法違反を重ねることが常態化するケースもあります。

例えば「解散は首相の専権事項」などというあやしい言説がメディアによっても無批判に広められるようになってしまいました。あるいは第2次安倍政権以降、憲法第53条に則った野党議員の国会開会要求を無視することが常態化し、菅政権でも岸田政権でも繰り返されているのに、メディアもまったく問題にしません。

最も大きな問題は、集団的自衛権の行使を容認し、憲法第9条をまるで無効化してしまったかのような違憲の安保法制です。

憲法の定めるところでは、自国が攻撃された際に防衛する個別的自衛権までがせいぜいで、他国の防衛のための武力行使は無理というのが憲法学者の圧倒的多数のとる通説です。裁判所の踏み込んだ憲法判断が出るのはまだまだ先でしょうし、将来的にも判断を避けるかもしれません。そうした中で安保法制の既成事実化が進んでいってしまったら大変なことです。

では何ができるのか。それは主権者たる国民が、違憲立法であることを指摘しつづけ、決して許さず、集団的自衛権を行使させず、いずれ安保法制を廃止するために政権交代を実現することです。

まとめ 5

シバレウス11世の勉強ノート⑤

☑地方自治は、住民が首長と議員を選挙で直接選ぶ。

☑地方公共団体は、独自の条例をつくることができる。

☑地方自治では、住民が地方公共団体に対して直接請求権を持っている。

監修　中野晃一

政治学者。上智大学国際教養学部教授。東京大学文学部哲学科および英国オックスフォード大学哲学・政治コース卒業。米国プリンストン大学大学院で博士号（政治学）を取得。著書に『戦後日本の国家保守主義』（岩波書店）『右傾化する日本政治』（岩波新書）『私物化される国家 支配と服従の日本政治』（角川新書）などがある。

まんが　うかうか

漫画家。イラスト、キャラクターデザインなどでも幅広く活躍している。登場するキャラクターはほとんどが犬でその人気が拡大中。著書に『貼りまわれ！ こいぬ』（秋田書店）『小犬のこいぬ』（イースト・プレス）などがある。

文　三城俊一

文筆家。東京大学経済学部卒業。歴史関係の書籍の執筆、教材制作などを行っている。著書に『ニュースがわかる 図解東アジアの歴史』（SBビジュアル新書）、協力書籍に『マンガでわかる災害の日本史』（池田書店）『死ぬまでに攻めたい戦う山城50』（イースト・プレス）『ざっくりわかる8コマ地政学』（朝日新聞出版）などがある。

ブックデザイン　小口翔平＋青山風音（tobufune）
校閲　高梨恵一
編集デスク　竹内良介
編集　中原崇

おもな参考文献

『新しい社会　公民』東京書籍

『今さら聞けない！ 政治のキホンが2時間で全部頭に入る』馬屋原吉博著　すばる舎

『こどもナルホド政治学　マンガで発見！ 君が社会を良くする方法』監修 鈴木文矢 マンガ・イラスト トリバタケハルノブ　えほんの杜

ざっくりわかる

8コマ日本の政治

2024年11月30日　第1刷発行

監修　中野晃一
まんが　うかうか
発行者　片桐圭子
発行所　朝日新聞出版
〒104-8011
東京都中央区築地5-3-2
電話　03-5541-8833（編集）
03-5540-7793（販売）
印刷所　大日本印刷株式会社

©2024 Koichi Nakano,Ukauka,Asahi Shimbun Publications Inc.
Published in Japan by Asahi Shimbun Publications Inc.
ISBN 978-4-02-332311-7

定価はカバーに表示してあります。
落丁・乱丁の場合は弊社業務部（03-5540-7800）へご連絡ください。
送料弊社負担にてお取り替えいたします。